DU BAIL A FERME

EN DROIT ROMAIN ET EN DROIT FRANÇAIS

Thèse pour le Doctorat

L'acte public sur les matières ci-après sera soutenu
le Samedi 25 août 1855, à dix heures et demie,

PAR

Honoré RONSSIN,

Avocat à la Cour impériale de Paris.

Président : M. COLMET-D'AAGE, professeur.

Suffragants :
MM. PELLAT,
VALETTE,
BONNIER,
— Professeurs.
DUVERGER, — Suppléant.

*Le candidat répondra en outre aux questions qui lui seront
faites sur les autres matières de l'enseignement.*

PARIS

J.-B. GROS, IMPRIMEUR DES TRIBUNAUX

RUE DES NOYERS, 74.

1855

A MON PÈRE, A MA MÈRE.

DROIT ROMAIN

SECTION PREMIÈRE.

Des principes généraux du bail à ferme.

Il n'est pas nécessaire pour trouver l'origine du bail
à ferme, de remonter jusqu'aux premiers temps de
Rome. Sous les rois et dans les beaux jours de la répu-
blique, l'agriculture était en honneur; les patriciens,
vivant sur leurs terres, au milieu de leurs esclaves,
ne dédaignaient pas de prendre part eux-mêmes
aux travaux de la culture. L'histoire nous montre Fa-
bricius, vainqueur des Samnites, s'arrachant à
l'ovation que lui prépare son armée pour retourner
à sa charrue.

Mais cette simplicité de mœurs ne pouvait sur-
vivre aux progrès de la civilisation développés
par la conquête. Les patriciens commencèrent à
préférer au calme des champs, la vie agitée du
forum; et dès ce jour, l'agriculture abandonnée aux
mains des plus vils esclaves, marcha vers une déca-
dence rapide. Heureusement, les propriétaires ne

tardèrent pas à reconnaître les dangers d'un pareil mode d'exploitation. Le travail d'un homme libre, cultivant pour son propre compte et stimulé par l'aiguillon si puissant de l'intérêt, leur parut offrir plus de garantie que la surveillance d'un intendant infidèle sur des esclaves paresseux : le bail à ferme prit naissance.

Les études approfondies dont il fut l'objet de la part des jurisconsultes, attestent assez la faveur dont jouit longtemps ce contrat. Mais, sous les empereurs chrétiens, le poids accablant des impôts, l'abandon de l'agriculture qui en fut la suite, amenèrent une institution nouvelle. Revenir au premier mode d'exploitation était chose impossible : l'influence du christianisme avait entraîné l'émancipation des esclaves. D'autre part, la rigueur des constitutions impériales s'était brisée devant la misère des cultivateurs; les champs restaient déserts. Il fallait, pourtant, trouver un remède à ce mal qui, faisant chaque jour de nouveaux progrès, menaçait de ruiner l'empire. Le colonat, sorte de transaction entre la servitude et la liberté, fut le spécifique auquel on finit par s'arrêter; d'abord aménagement privé de la propriété, il fut alors élevé à la hauteur d'une institution politique.

Esquissons à grands traits, la condition du colon, vis-à-vis de son maître, et vis-à-vis des tiers.

1° Vis-à-vis de son maître, le colon était lié au fonds, à perpétuelle demeure : il était un accessoire, une dépendance du fonds qu'on vendait avec le fonds lui-même : *servus terræ glebis inhærens*; mais, par cette raison même, le maître ne pouvait l'aliéner séparément. Il avait une situation réglée, des rapports déterminés avec le maître et n'était pas soumis à son caprice, comme l'esclave. Le colon devait des redevances en nature et non des corvées, ce qui le distingue du serf du moyen-âge; il pouvait s'amasser un pécule qui n'était pas, comme celui de l'esclave, la propriété du maître; il est vrai qu'il n'aurait pu l'aliéner; mais le maître ne pouvait non plus y toucher. Il était aussi protégé dans sa personne : si le maître s'était porté à des excès envers lui, il avait l'accès des tribunaux pour le poursuivre.

2° Vis-à-vis des tiers. Le colon avait une personnalité, il était *sui juris*, pouvait contracter en son nom, pour son propre compte. Pour le colon, il y avait des droits de famille, son mariage n'était pas un simple *contubernium*, mais il ne pouvait épouser que des personnes de sa condition. On voit combien la situation du colon était mixte : c'était une servitude plus douce, mais une servitude sans issue.

Tels sont les principaux modes d'exploitation qui dominèrent successivement à Rome. Notre but n'étant pas de faire ici l'histoire de l'agriculture, mais seulement d'exposer les principes du bail à ferme, considéré comme contrat civil, nous laisserons de côté les autres modes d'exploitation. Nous dirons toutefois, en terminant notre thèse, quelques mots de l'emphytéose dont l'histoire se lie intimement à celle du bail à ferme.

Le bail à ferme est le louage des choses appliqué aux biens ruraux. Il est donc soumis tout à la fois aux règles générales du louage et à des règles spéciales, dérivant de la nature du bien.

Le louage des choses est un contrat par lequel une personne (*locator*) s'oblige, moyennant un prix déterminé (*merces*) à procurer à une autre (*conductor*) la jouissance d'une chose pendant un certain temps.

C'est un des quatre contrats, qui ne tenant nullement aux formules quiritaires et découlant du droit des gens, se forment par le seul consentement et donnent naissance à des obligations diverses qui, loin d'être strictement déterminées par les termes mêmes de la convention comme dans la stipulation, sont réglées d'après les principes de l'équité et de la bonne foi. « *Locatio et conductio, cum naturalis sit et omnium gentium, non verbis sed consensu contrahitur, sicut emptio et venditio.* » (L. 1 Dig. *Locati conducti*).

Trois éléments forment la substance du contrat de louage : un objet, un prix et le consentement des parties.

Dans le bail à ferme, l'objet du contrat doit

nécessairement consister en un bien rural, et par bien rural, il faut entendre non pas tout bien quelconque qui se trouve à la campagne, mais tout bien qui est destiné à la culture, un fonds de terre, en un mot.

Ulpien (L. 44 Dig. *Locati Conducti*) dit qu'on ne peut louer les droits de servitude : « *Locare servitutem nemo potest*; » c'est d'une servitude prédiale que le jurisconsulte entend parler et le sens de cette loi est, qu'on ne peut louer un droit de servitude, indépendamment du fonds auquel il est dû. Mais, si un propriétaire donne à ferme son héritage, le droit de servitude qui y est attaché est nécessairement compris dans le bail *accessorium sequitur principale*.

Le 2° élément du louage est le prix. Aussi : « *locatio donationis causa contrahi non potest*. » (L. 20, § 1, Paul, Dig. *Loc. cond.*).

Si aucun prix n'a été fixé, le contrat peut être, suivant les circonstances, un commodat, une donation, ou une constitution d'usufruit.

Le prix doit être sérieux et certain. Il n'est pas sérieux si, au moment du contrat, remise en est faite par le bailleur au fermier. Mais, quand ce dernier a réellement contracté l'obligation de payer le prix, la remise qui a lieu *ex intervallo* n'empêche pas le contrat d'exister (L. 5 Dig. *Loc. cond.*). Il n'est pas sérieux non plus s'il est tellement minime qu'il doive être considéré comme n'existant pas, par exemple, lorsqu'une ferme est louée *nummo uno* (L. 46 Dig. *Loc. cond.*).

Mais il n'est pas nécessaire que le prix soit la représentation exacte de la jouissance. Le louage, à la différence de la vente, est un contrat aléatoire qui n'admet pas la rescision pour cause de lésion: « *Prætextu minoris pensionis rescindi locatio non potest*, » dit Hermogénien (L. 23 Dig. *Loc. cond.*).

Le prix qui, le plus souvent, consiste en argent monnayé, peut, néanmoins, consister en denrées et en prestations annuelles, ainsi que le prouvent la loi 19, §3, Dig. *Loc. cond.*, et surtout les termes formels de la loi 21 au Code, *de Locato conducto* : « *Si olei certa ponderatione locasti.* » Dans cette constitution, Dioclétien et Maximien décident que le contrat doit être exécuté de bonne foi. Ils veulent donc parler du louage et non d'un contrat analogue; car un contrat innommé comme *do ut facias* n'est pas *bonæ fidei*. C'était l'opinion professée par Cujas; Vinnius et Godefroy étaient d'un avis contraire.

Du reste, que le prix consiste en argent ou en denrées, il doit être certain, c'est-à-dire déterminé ou au moins déterminable. « Si l'on est convenu, » dit Gaius (L. 25 pr. Dig. *Loc. cond.*), « que le prix serait déterminé par un tiers quelconque, il n'y a pas louage; mais il y a louage si Titius a été désigné pour fixer le prix ». Dans le premier cas, en effet, il dépend de l'une des parties d'empêcher le contrat de se former, en refusant de désigner ou d'accepter un tiers pour arbitre. Dans le deuxième cas, au contraire, Titius ayant été accepté par chacune des parties, le contrat est valable, au moins conditionnellement : *Si Titius mercedem definierit.*

Le consentement est le troisième élément du contrat de louage; il doit être réciproque et porter sur la chose et sur le prix.

L'erreur sur la chose louée ou sur la nature de l'opération intervenue empêche toujours le contrat de se former.

Mais, quant à l'erreur sur le prix, Pomponius (L. 52 Dig. *Loc cond.*) établit une distinction : « *Si decem tibi fundum locem, tu autem existimes quinque te conducere, nihil agitur.*» Car celui qui a cru louer dix n'aurait certainement pas loué cinq. Mais, ajoute le jurisconsulte : *Si ego minoris me locare sensero, tu pluris te conducere, utique non pluris erit conductio quam quanti ego putavi.*» Le bail est alors valable : il y a concours de volontés pour le prix le moins élevé, car celui qui consent à prendre à loyer pour dix, consent *à fortiori* à prendre à loyer pour cinq.

Ces trois éléments essentiels du louage, la chose, le prix et le consentement, sont aussi ceux de la vente. Il en résulte entre ces deux contrats une telle analogie que souvent on a peine à distinguer le caractère de certaines conventions. Telle est la source de la controverse qui divisa longtemps les jurisconsultes, au sujet de l'emphytéose.

Il importe pourtant beaucoup de ne pas confondre la vente et le louage, car les effets de ces deux contrats diffèrent sous plus d'un rapport.

Nous avons signalé déjà une première différence quant à la lésion, en voici d'autres plus importantes encore.

Le vendeur transmet à l'acheteur la propriété, si elle lui appartient, ou du moins, le droit de posséder comme propriétaire, si elle ne lui appartient pas; dans le louage, au contraire, le bailleur s'oblige simplement envers le fermier à le faire jouir de la chose.

Enfin, tandis que dans la vente, les risques sont pour l'acheteur devenu propriétaire par la tradition, ou du moins, créancier d'un corps certain avant cette tradition, ils sont, dans le louage, à la charge du bailleur qui cesse de toucher le prix de location quand la chose louée est venue à périr, car le fermier ne paie qu'à raison des produits qu'il recueille (L. 19, § 6; L. 33, 34, 35 Dig. *loc. cond.*).

Nous avons examiné jusqu'ici les éléments essentiels du louage et signalé ses différences avec la vente. Nous allons maintenant déterminer les obligations réciproques qui naissent de ce contrat et les actions qui en garantissent l'exécution. Le *loca-tor*, c'est-à-dire le bailleur a l'action *locati* ou *ex locato* par laquelle il peut contraindre le *conductor* ou locataire, à l'exécution de toutes les obligations qui lui sont imposées et qui résultent soit de la nature du contrat ou de l'usage des lieux, soit de la bonne foi, soit des pactes accessoires. Le *conductor* qui prend le nom particulier de *colonus* dans les baux à ferme, a l'action *conducti* ou *ex conducto*, pour forcer le propriétaire à remplir les obligations qui résultent de sa qualité de bailleur.

En développppant les effets de l'action *locati*, nous verrons, en même temps, les obligations du fermier et les droits du propriétaire; et en développant ceux de l'action *conducti*, nous verrons les obligation du propriétaire et les droits du fermier.

Chacune de ces actions sera l'objet d'une section particulière.

SECTION II.

De l'action *locati* ou *ex locato*.

Le principal objet de cette action et, par conséquent, la principale obligation du fermier, est le paiement du prix qui prend, dans le bail à ferme, le nom spécial de *pensio, reditus*. Ce prix est, généralement, divisé en plusieurs termes, payables à des époques déterminées; l'action se divise avec le prix et ne peut être intentée qu'à l'échéance de chaque terme. Jusque là rien n'est dû au propriétaire, car chaque partie du prix étant l'équivalent de la jouissance du fermier pendant le terme échu, celui-ci ne peut rien devoir pour un temps pendant lequel il n'a pas encore joui. Toutefois, si le fermier abandonnait la culture du fonds, sans motifs plausibles avant l'expiration du bail, il serait tenu de payer non seulement les termes échus, mais encore les termes à échoir pendant la durée du bail, car il ne peut dépendre de son caprice de briser un contrat librement formé (L. 24, Dig. *loc. cond.*).

L'exercice de l'action *locati* peut être paralysé par l'action contraire *conducti*, lorsque le fermier n'a pas eu la jouissance complète qui lui était assurée. Il peut alors obtenir une diminution du prix, comme nous le verrons à la section suivante.

Dans l'action *locati*, comme dans toutes les actions de bonne foi, les intérêts sont dûs à partir de la demeure. Ainsi le décide une constitution des empereurs Dioclétien et Maximien (L. 17 Code, *de locat. et cond.*), mais ils ne sont dus que du jour de la demeure, à moins qu'on ne les ait stipulés exigibles par la seule échéance du terme (L. 17, § 4, Dig. *de usuris*).

Le bailleur peut, en deuxième lieu, par l'action *locati*, se faire rendre la ferme dans l'état où elle a été livrée.

Cette restitution doit être immédiate, et une contestation soulevée par le fermier sur la propriété même du fonds loué ne saurait y faire obstacle. Les empereurs Dioclétien et Maximien (L. 25 au C. *de loc. cond.*) exigent, en effet, que le fermier restitue d'abord la possession, et le mauvais vouloir du locataire à cet égard est sévèrement puni par Zénon, qui, dans la L. 34, C. *de loc. et cond.*, le traite comme un envahisseur : « *Conductores alienarum rerum seu heredes eorum, si non possessionem dominis recuperare volentibus restituerint, sed litem usque ad definitivam sententiam expectaverint : non solum rem locatam, sed etiam æstimationem ejus victrici parti, ad similitudinem invasoris alienæ possessionis, præbere compellantur.* »

Il ne suffit pas que le fermier rende la chose à l'expiration du bail, il faut encore qu'il la rende en bon état, ou du moins sans dérioration qui lui soit imputable. Les détériorations résultant uniquement de cas fortuits ne sont pas à sa charge, à moins de conventions contraires : « *In judicio tam locati quam conducti dolum et custodiam, non etiam casum cui resisti non potest, venire constat* » (L. 28, C. de loc. et cond.).

Le fermier est responsable de sa faute et de sa négligence; il doit apporter à la ferme, non seulement les soins qui lui sont habituels, dans ses propres affaires, mais les soins d'un père de famille diligent : « *Culpa autem abest, si omnia facta sunt quæ diligentissimus quisque observaturus fuisset.* » (L. 25, § 7, Dig. *loc. cond.*). Sa faute est considérée *in abstracto* ; on prend pour type un père de famille très-soigneux.

Le fermier est en faute, par exemple, toutes les fois qu'il n'use pas de la chose de la manière déterminée par la convention ou par les usages locaux. Ainsi, il prendra soin de ne pas dégrader les bâtiments, et, pour ne pas détériorer les terres, il exécutera, en temps opportun, les travaux propres à chaque saison (L. 25, § 3, D. *loc. cond.*)

Ulpien porte plus loin encore la responsabilité du locataire dans l'espèce suivante : « Un fermier s'est enfui à l'approche d'une armée ; les soldats ont fait main-basse sur tout ce qu'ils ont trouvé et emporté jusqu'aux fenêtres. Il sera soumis à l'action *locati*, décide le jurisconsulte, s'il a pris la fuite sans avertir le propriétaire, ou si ayant pu empêcher ce dégât, il ne l'a pas fait » (L. 13, § 7, Dig. *loc. cond.*).

Le fermier est-il également responsable de la faute d'autrui ? Julien, qui se pose cette question (L. 19, Dig. *commodati*), n'hésite pas à la résoudre négativement. Mais dans un texte cité par Ulpien (L. 41, Dig. *loc. cond.*), Marcellus fait justement observer qu'il doit répondre de la faute d'autrui toutes les fois qu'il aurait pu l'empêcher. Ainsi, les détériorations commises par la femme, les enfants ou même les amis du fermier, seraient à sa charge, et le bailleur pourrait se faire indemniser par l'action *locati*.

Ulpien fait l'application de ce principe au cas où le dommage a été causé par un esclave. Il cite à ce sujet deux opinions : l'une de Pomponius, l'autre de Proculus. Dans celle de Pomponius, qu'il adopte (L. 11 Dig. *loc. cond.*), il déclare que si un esclave a commis quelque dommage, le fermier en est responsable ; en sorte qu'il peut être contraint, même sans convention spéciale à ce sujet, non-seulement de livrer l'esclave par l'action *noxale*, mais encore d'indemniser le bailleur, car le seul fait d'avoir des esclaves imprudents ou négligents est un fait coupable de la part du fermier.

Proculus, au contraire, disait que le bailleur ne pouvait agir que par l'action *locati* ou par l'action de la loi Aquilia, mais que, par l'une comme par l'autre, il ne pouvait obtenir que l'abandon de l'esclave. Aussi, Ulpien n'adopte-t-il cette opinion qu'avec la restriction *si culpa colonus careat*, c'est-à-dire s'il n'y a aucune faute à lui reprocher, si, par exemple, l'esclave, auteur du dommage, l'avait causé par suite d'un accès subit et inaccoutumé de folie (L. 27, § 11, Dig. *ad legem Aquiliam*).

Nous avons dit que, sauf convention contraire, le fermier n'a pas à sa charge les cas fortuits ; mais ce principe doit être entendu en ce sens qu'aucune faute du fermier n'aura précédé le cas fortuit. Si, par exemple, il avait été convenu que le fermier ne pourrait faire de feu et qu'il en eût fait, il serait passible de l'action *locati*, encore que la ferme eût été incendiée par un cas fortuit, comme ayant contrevenu à une clause de son bail. (L. 11, § 1. Dig. *loc. cond.*). Les jurisconsultes romains étendaient la responsabilité du fermier jusqu'à lui imputer les dégâts causés sur le fonds par ses ennemis, en haine de sa personne ; ils les considéraient comme ayant été indirectement provoqués par sa faute ou son imprudence. « *Culpæ autem ipsius et illud adnumeratur, si propter inimicitias ejus, vicinus arbores exciderit* » (L. 25, § 4, Dig. *loc. cond.*)

Nous avons vu dans quels cas, le fermier est passible de l'action *locati*. Par cette action, le bailleur obtiendra la réparation de tout le dommage éprouvé (*quanti ea res est*), à la condition pourtant de céder au fermier l'action de la loi Aquilia, ou telles autres qu'il pourrait avoir contre l'auteur du dommage. (L. 60, § 2, et 25, § 8, Dig. *loc. cond.*)

Si le fermier répond de sa faute, il est à plus forte raison tenu de son dol. Le louage, d'ailleurs, comme tous les contrats de bonne foi, contient la clause tacite : *dolum malum abesse abfuturumque.*

Indépendamment de cette action personnelle *locati*, le bailleur avait encore d'autres droits particuliers destinés à assurer le paiement des fermages. Les lois romaines assuraient aux propriétaires ruraux une hypothèque tacite sur les fruits que produisait le fonds pendant la durée du bail. (L. 7. Dig. *in quib. causis pign.*). Les propriétaires des maisons acquéraient les mêmes droits sur les meubles qui y étaient apportés, mais l'hypothèque du bailleur à ferme n'atteignait pas les meubles placés dans la métairie, la garantie sur les fruits ayant paru suffisante. (L. 4. Dig. *in quib. causis pign.*)

Si les objets affectés à l'hypothèque du propriétaire étaient déplacés ou aliénés, deux voies étaient ouvertes pour en recouvrer la possession : l'interdit Salvien et l'action Servienne. L'interdit a tant d'analogie avec l'action que les effets de l'un et de l'autre ont toujours paru difficiles à distinguer. M. de Savigny croit apercevoir dans l'interdit l'origine de l'action, comme si les préteurs avaient d'abord voulu essayer ce que les actions Servienne et quasi-servienne ont ensuite établi d'une manière générale. Dans ce sens, l'interdit serait ensuite devenu complétement inutile. M. Du Caurroy (Instit. t. II, n° 1358) pense, au contraire, que l'interdit et l'action s'appliquent indépendamment l'un de l'autre ; que si le bailleur recourt à la deuxième, c'est qu'il ne peut pas avoir le premier ; mais que s'il obtient la possession par l'interdit Salvien, il n'aura plus besoin de l'action Servienne.

C'est cette dernière opinion que nous croyons devoir adopter. En effet, l'action Servienne avait créé pour le bailleur une préférence qui a cessé d'être exclusive dès que l'action quasi-servienne eût validé, pour toutes créances indistinctement, l'hypothèque constituée par un simple pacte. A compter de ce moment, le bailleur put craindre que les meubles affectés par le fermier au paiement des fermages ne fussent déjà hypothéqués à d'autres dettes. Pour obvier à cet inconvénient, l'interdit Salvien est venu améliorer la position du bailleur, e nlui assurant la possession préalable, et par suite, le rôle de défendeur contre l'action hypothécaire des autres créanciers. Dans ce sens, l'interdit Salvien, loin d'avoir précédé l'action Servienne, serait une conséquence du principe qu'elle a introduit et que l'action quasi-servienne a généralisé.

Enfin, outre ces actions, le propriétaire peut encore en avoir d'autres pour la garantie de ses droits. Ainsi, dans le cas dont nous avons déjà parlé, où le dommage a été causé par un esclave, le propriétaire a, outre l'action *locati*, l'action noxale de la loi Aquilia. Il est même un cas cité par Gaius lorsque des arbres de la ferme ont été coupés sans droit (L. 25, § 5.Dig. *loc. cond.*), où le propriétaire aurait, outre l'action *locati*, deux autres actions, l'action de la loi Aquilia et l'action de la loi des Douze Tables, *arborum furtim cæsarum*, et l'interdit *Quod vi aut clam*. Mais il ne faut pas en conclure que le bailleur pourra exercer toutes ces actions à la fois.

Plusieurs distinctions sont nécessaires ; si les actions sont simplement persécutoires de la chose, l'exercice d'une seule de ces actions empêche l'exercice de toutes les autres : *Quoties concurrunt plures actiones ejusdem rei nomine, una quis experiri debet.* (L. 43, §1. Dig. *de regulis juris*) (1). Si l'une est pénale et l'autre persécutoire de la chose, l'une et l'autre peuvent être exercées : « *Hinc de colono responsum est si aliquid ex fundo subtraxerit, teneri eum condictione, et furti; quin etiam ex locato: et pœna quidam furti non confunditur, illœ autem inter se miscentur.* » (L. 34, § 2, Dig. *de oblig. et act.*) Enfin, si les actions sont toutes pénales, chacune d'elles peut produire son plein et entier effet : «*Nunquam actiones pœnales de eadem pecunia concurrentes, alia aliam consumit.* (L. 60 *de ob. et act.*). Il est vrai que plusieurs textes de Modestin (L. 53, pr. *de ob. et act.*) et de Paul (L. 34, pr. *de ob. et act.* L. 1, *vi bon. rapt.*), semblent contrarier ce principe. Mais Hermogénien qui rapporte la controverse, déclare que l'opinion de Papinien et d'Ulpien, avait fini par triompher. « *Cum ex uno delicto plures nascuntur actiones, sicut evenit cum arbores*

---

(1) Paul fait une application de ce principe dans la loi 38, § 1. Dig. Pro socio. « Si tecum societas mihi sit, et res ex societate » communes, quam impensam in eas fecero, quosve fructus ex » his rebus ceperis, vel pro socio, vel communi dividundo me » consecuturum; et altera actione, alteram tolli, Proculus ait. »

furtim cæsæ dicuntur, omnibus experiri permitti post magnas varietates obtinuit. » (L.] 32 *de ob. et act.*). En effet, nous voyons Justinien reproduire dans les Institutes (§ 1, *si quadrupes paup.*), le texte de la L. 130, *de regulis juris*, emprunté à Ulpien : « *Nunquam actiones præsertim pœnales, de eadem re concurrentes, alia aliam consumit.* » Nous allons maintenant traiter de l'action *conducti* et, par conséquent, examiner les obligations du bailleur.

SECTION III.

De l'action conducti ou ex conducto.

La principale obligation du bailleur, celle qui correspond à l'obligation du fermier de payer le prix consiste à faire jouir ou user le preneur de la chose. Quand une jouissance utile et complète ne lui est pas procurée, celui-ci peut donc se plaindre et demander soit une remise de prix, soit même des dommages-intérêts.

Ainsi, le propriétaire doit d'abord délivrer la ferme et ses dépendances, c'est-à-dire lever tous les obstacles, de quelque nature qu'ils soient, que le fermier pourra rencontrer dans sa prise de possession. Cette obligation qui est de l'essence du contrat résulte d'ailleurs du caractère *bonæ fidei* de l'action conducti. Il en est de même de celle qui va suivre.

En droit français, c'est au fermier à garnir la ferme des instruments aratoires nécessaires à son exploitation, quand les parties n'ont rien dit à cet égard. En droit romain, c'était le contraire qui avait lieu; et Ulpien(loi 19, § 2, Dig. *loc. cond.*) énumère longuement les divers objets qui doivent être fournis par le propriétaire au fermier et dont la livraison peut être exigée par l'action *conducti*.

La chose louée doit aussi être exempte de tout vice qui pourrait nuire à la jouissance; sinon, le fermier pourrait demander soit la remise du prix, soit même une indemnité au propriétaire, suivant la distinction que fait Ulpien dans la l. 19, § 1. Dig. loc. cond. « *quod interest præstabitur, si scisti, si ignorasti, pensionem non petes.* » Cette décision semble contraire à l'opinion de Cassius rapportée dans la même loi, «*tenebitur in id quod interest, nec ignorantia ejus erit excusata*»;mais la contradiction n'est qu'apparente. Dans l'espèce prévue par Cassius, il s'agit d'un tonnelier qui en livrant des fûts mal conditionnés, commet une faute lourde, et l'on sait, qu'en droit romain, la faute lourde était assimilée au dol.

La chose livrée avec tous ses accessoires et exempte de vices, l'obligation de faire jouir n'est pas encore complète. Il reste, en outre, au propriétaire à respecter lui-même cette jouissance pendant toute la durée du bail, à la protéger contre les atteintes qui pourraient lui être portées par des tiers, et de plus à la garantir des cas fortuits qui viendraient la diminuer considérablement ou l'anéantir.

Nous allons développer chacune de ces obligations. La principale obligation du propriétaire étant de procurer au fermier une jouissance paisible et utile, il ne peut rien faire pour gêner ou entraver la culture, il ne peut pas non plus changer la destination des terres ou percevoir des fruits du fonds, à moins qu'il ne se soit réservé ce droit dans son bail. Toute infraction à ces obligations constitue une violation du contrat et une atteinte à la foi des conventions. Aussi, sa responsabilité, à cet égard, est-elle très-étendue : il doit non-seulement faire remise d'une portion du prix correspondante à la jouissance enlevée, mais encore, en général, tenir compte au fermier et du préjudice qu'il lui cause et des bénéfices qu'il lui enlève ; en autres termes, il est tenu *in id quod interest*.

Il importe, toutefois, de distinguer si le trouble ou l'éviction procèdent ou non d'une cause qui existait déjà au moment du contrat.

Dans le premier cas, des dommages-intérêts sont dus, quand même le propriétaire serait de bonne foi. Il est au moins coupable d'une erreur dont les conséquences ne doivent pas retomber sur le fermier qui n'est pas en faute. Supposons, par exemple, que le bailleur avait loué le fonds d'autrui comme lui ap-

partenant, en se disant mandataire du propriétaire
(L. 13, § 8, Dig. *loc. cond.*), ou bien même étant de
bonne foi et se croyant, mais à tort, propriétaire (L.
9 Dig. *loc. cond.*), le preneur évincé aurait droit à
des dommages-intérêts. Et nous ne pouvons accepter
pour le bail à ferme le tempérament que nous
offre Ulpien dans cette dernière loi, à propos du
bail à loyer Ce jurisconsulte reconnaît au bailleur
le droit d'offrir au locataire *aliam habitationem non
minus commodam*. Mais le fermier peut avoir, pour
conserver la terre qu'il a déjà cultivée et améliorée, un intérêt que n'aura, que bien rarement, le
locataire d'une maison.

Si la cause de l'éviction est un fait postérieur au
contrat, il y a lieu de distinguer : le propriétaire
est-il en faute ; a-t-il, par exemple, en vendant le
fonds, négligé de faire promettre à l'acheteur qu'il
maintiendrait le bail, le fermier aura droit à des
dommages-intérêts (L. 25, § 1. Dig. *loc. cond.*). A
Rome, en effet, le nouvel acquéreur n'ayant pas
contracté avec le fermier, n'était pas comme chez
nous tenu de respecter le bail consenti par son
vendeur, à moins qu'il ne s'y fût soumis expressément.

Au contraire, le bailleur n'a-t-il aucune faute à
se reprocher, a-t-il, par exemple, réparé les murs
de la ferme qui menaçaient de s'écrouler, et privé
ainsi le fermier de sa jouissance pendant un certain

temps? Celui-ci n'aura droit qu'à une remise proportionnelle du prix ou à la restitution des loyers qu'il aurait payés d'avance (L. 35 Dig. *Loc. cond.*)

Cette distinction fondamentale, qui résulte d'ailleurs d'un grand nombre de textes du Dig., est surtout clairement exprimée dans le passage suivant d'une loi célèbre d'Africain (l. 33. Dig. *loc. cond.*) : « *Nam et si colonus tuus, fundo frui a te aut ab eo prohibetur quem tu prohibere ne id faciat possis, tantum ei præstabis, quanti ejus interfuerit frui ; in quo etiam lucrum ejus continebitur. Sin vero ab eo interpellabitur quem tu prohibere propter vim majorem aut potentiam ejus non poteris, nihil amplius ei quam mercedem remittere aut reddere debebis.* »

Cette loi qui détermine nettement l'étendue de la responsabilité du propriétaire a, sous un autre point de vue, divisé les commentateurs. Africain suppose que le fonds loué est confisqué, et il décide que le fermier aura l'action *conducti*, mais seulement pour obtenir la remise du prix. Rien de plus conforme aux principes et à l'équité que cette solution, mais le motif qu'il en donne, tiré de l'analogie de la vente avec le louage, *relativement aux risques*, est complétement faux et repose sur une erreur évidente. Le jurisconsulte semble admettre que dans la vente, les risques de la chose sont à la charge du vendeur, tant que la tradition n'a pas été faite, en co sens, du moins, qu'au cas de confiscation, lo prix ne doit pas être payé par l'acheteur, ou doit être restitué s'il l'a déjà payé. Cujas s'emparait de ce texte pour combattre d'autres décisions très-nombreuses et très-formelles (L. 5, § 2 Dig. *de rescind vend.*; L. 11. Dig. *de evict.*; L. 34, § 0, Dig. *de contrah. empt.*; L. 6, Code Dioclétien et Maximien *de periculo et comm.*), et particulièrement celle du 3° § du titre de la vente aux Institutes, qui ne permet pas le moindre doute sur la question. Ant. Favre et Bronschortius voulaient voir dans ce cas une dérogation aux principes généraux. Mais aujourd'hui, on est unanime à reconnaître que cette opinion isolée d'Africain ne saurait prévaloir sur le principe qui met la chose vendue aux risques de l'acheteur, principe qui se justifie d'ailleurs par d'excellentes raisons.

Nous ne pouvons, toutefois, admettre celle qui nous est donnée par M. Du Caurroy (Institutes expliquées, t. 2, n° 1042), que « l'acheteur profitant, à partir du contrat, de tous les avantages que la chose pourra produire, etc., doit supporter la perte de la chose vendue » ; et ce, pour une double raison.

D'abord, les accroissements très-problématiques de la chose ne sont qu'une compensation bien mince à la perte totale, et il nous paraît difficile de rattacher à une considération aussi faible un principe aussi important.

Ensuite, Justinien fait un raisonnement tout contraire à celui du savant commentateur ; il veut que l'acheteur profite des accroissements, *parce qu'il supporte la perte* : « *Quod fundo per alluvionem accessit, ad emptorem pertinet ; nam et commodum ejus esse debet, cujus periculum ;* » et non comme M. Du Caurroy qu'il supporte la perte, *parce qu'il profite des accroissements.*

La véritable raison est celle que donne plus loin M. Du Caurroy lui-même : « Les obligations res-« pectives que contractent le vendeur et l'acheteur « ne portent pas sur un même objet ; il n'est donc « pas étonnant que l'une d'elles s'éteigne et se per-« pétue indépendamment de l'autre. La perte de « l'objet vendu en détruisant l'obligation de livrer « cet objet, n'influe en rien sur l'obligation de « payer le prix, parce que ce prix, qui consiste « dans une quantité, ne périt jamais. »

Mais, dans le cas où une indemnité est due au fermier, comment s'apprécie cette indemnité ? Elle doit représenter l'intérêt que le fermier aurait eu à jouir (*id quod interfuisset frui licere*). Ce principe est consacré par deux textes, l'un de Paul (l. 7. Dig. *loc. cond.*), et l'autre de Tryphoninus, qui semblent, en posant la même hypothèse, arriver à une conclusion opposée. Mais la conciliation est facile : l'un et l'autre des deux jurisconsultes veulent donner au fermier l'équivalent de l'intérêt qu'il avait à jouir. Seulement, Paul prévoit le cas où les loyers ont été payés d'avance, tandis que Tryphoninus a en vue l'hypothèse plus fréquente où les loyers sont encore dus.

Nous avons dit que le bailleur était tenu de garantir le fermier contre les cas fortuits qui pourraient· détruire tout ou partie des fruits de l'année. La question des cas fortuits a été traitée avec soin par les jurisconsultes ; c'est à l'examen des difficultés qu'elle soulève que nous allons passer maintenant.

Quand des désastres de la nature ou tout autre événement irrésistible et imprévu enlèvent au fermier une partie notable de ses récoltes, la loi ayant égard à cette privation de jouissance, lui donne droit à une remise proportionnelle des loyers de l'année (L. 15, § 2, Dig. *loc. cond.*). Cette règle n'est pas seulement fondée sur l'équité, elle dérive de la nature même du louage. En effet, les fruits encore sur pied, *inhærentes solo,* sont une partie du fonds ; tant qu'ils ne sont pas récoltés, le droit d'accession leur impose la même condition que celle du fonds même ; ils sont donc, comme le fonds, aux risques du locateur. Mais les fruits s'acquérant par la perception, cessent dès l'instant où ils ont été séparés du sol, d'appartenir au bailleur pour devenir la propriété de celui qui les a perçus ; l'obligation du bailleur de faire jouir se trouve accomplie, et c'est désormais au fermier à supporter les pertes qui peuvent survenir. Aussi voyons-nous que les textes sur la matière se réfèrent tous à des cas où les fruits sont encore attachés au sol. Il en est autrement pour le colon partiaire, qui est lié envers le bailleur, par une espèce de société, comme le remarque Gaius, société dans laquelle les pertes et les gains, quels qu'ils soient, de quelque cause et à quelque époque qu'ils surviennent, sont toujours partagés entre le propriétaire et le colon : *alioquin partiarius colonus, quasi societatis jure et damnum et lucrum cum domino fundi partitur* (L. 25, § 6, Gaius, Dig. *loc. cond.*).

Pour obtenir remise du prix de location, le fermier, dont les récoltes ont été détruites, doit prouver le concours de ces quatre conditions : il faut que la perte résulte d'un cas fortuit, qu'elle soit considérable, non compensée par l'abondance des autres années, et enfin que l'événement qui l'a occasionnée n'ait pas été par un pacte spécial, mis à la charge du fermier. Nous allons examiner chacune d'elles.

Servius définit le cas fortuit « *omnem vim cui resisti non potest.* » Les cas fortuits proviennent de deux grandes causes : 1° de la nature ; 2° des faits de l'homme.

Les cas fortuits naturels sont : l'impétuosité

d'un fleuve qui sort de son lit, les tremblements de terre, la chaleur excessive, les nuées d'oiseaux ou d'insectes qui ravagent les récoltes, les neiges immodérées, les gelées, la grêle, les tempêtes sur terre ou sur mer, le feu du ciel, l'incendie, etc. Mais la pluie, le vent, la neige, le chaud, le froid, les crues des fleuves ne sont pas des cas fortuits, ce sont là des accidents nécessaires de l'ordre des saisons, des alternatives inévitables d'une température normale. On ne les range parmi les cas fortuits qu'autant qu'ils sortent, par leur intensité, de la marche accoutumée de la nature. Les cas fortuits provenant des faits de l'homme sont la guerre, l'invasion des pirates, le fait du prince. Ulpien (L. 15, § 2, Dig. *loc. cond.*) cite aussi comme très-ordinaire et comme devant rester en conséquence à la charge du fermier, un événement qui ne fait pas honneur à la discipline des armées romaines, les dégâts commis dans les vignes par des troupes de passage.

Le dommage doit être considérable, *immodicum* ; car, comme le fait remarquer Gaius, *modicum damnum œquo animo ferre debet colonus cui immodicum lucrum non aufertur* (L. 25, § 6, Dig. *loc. cond.*) : c'est une conséquence du caractère aléatoire de ce contrat. Le fermier peut faire des gains considérables, il est juste qu'il supporte les pertes peu importantes.

Mais quand la perte sera-t-elle regardée comme considérable? devra-t-elle être de la moitié, des deux tiers ou des trois quarts de la récolte? Gaius en répondant : *Si plusquam tolerabile est, læsi fuerint fructus*, laisse indécise cette question qui n'est tranchée par aucun autre texte.

La troisième condition pour que le fermier obtienne remise du prix, est que la perte qu'il éprouve une année, ne soit pas compensée par l'abondance des autres années du bail. Ce principe est posé par Ulpien dans la L. 15, § 4, Dig. Si le bailleur, à raison d'une année stérile, a fait remise au fermier des loyers de cette année, et que les récoltes aient été abondantes dans les années suivantes, cette remise ne doit pas nuire au propriétaire, qui pourra réclamer les loyers de l'année stérile ; et cela, quand bien même le bailleur aurait employé le mot donation en faisant la remise : c'est à l'intention des parties plutôt qu'aux termes employés qu'on doit s'attacher.

Si le fermier peut obtenir remise du prix quand la récolte a été en partie détruite, en sens inverse, le propriétaire ne peut jamais prétendre à une augmentation du prix de ferme, quelque abondante qu'ait été la récolte. Accurse et Barthole soutenaient l'avis contraire, en invoquant la maxime *eadem debet esse ratio damni et lucri*, tirée de la L. 10 Dig. *de regulis juris*, et le caractère commutatif du con-

trat de louage. Mais cette opinion nous paraît in-
compatible avec la nature de l'obligation de faire
jouir, qui est illimitée dans son étendue, et incon-
ciliable avec les termes si formels de la L. 25, § 6,
D. *loc. cond.* : *cui immodicum lucrum non aufertur.*

Il faut, enfin, qu'une convention spéciale n'ait
pas mis les cas fortuits à la charge du fermier. Cette
convention, comme le prouve un rescrit d'Alexandre
Sévère (L. 8 au Code, *de loc. cond*), était aussi
fréquente à Rome que chez nous ; mais cette clause
étant, quoique licite et valable, contraire à la nature du bail, doit se présumer difficilement et se
restreindre rigoureusement dans ses termes. Une
constitution de Dioclétien et Maximien (L. 19, Code
de loc. cond.) veut aussi que dans le silence de la
convention, l'usage des lieux soit la première règle
à suivre pour les parties.

Nous avons vu quels sont les différents droits que
le fermier peut faire valoir par l'action *conducti*
pendant sa jouissance. A l'expiration du bail, le
fermier peut encore agir par l'action *conducti* contre
le bailleur, pour enlever les constructions, les plantations et autres améliorations qu'il a pu faire sur
le fonds : « *In conducto fundo, si conductor sua*
« *opera aliquid necessario vel utiliter auxerit, vel*
« *ædificaverit, vel instituerit, cum id non conve-*
« *nisset, ad recipienda ea quæ impendit ex conducto*
« *cum domino fundi experiri potest* » (L. 55, § 1,

D. *loc. cond.*) ; mais à la condition, comme le fait remarquer Ulpien (L. 10, Dig. *loc. cond.*), qu'il donnera caution de rétablir les lieux dans leur premier état.

Ainsi donc, le fermier a une action, soit pour enlever les constructions ou plantations qu'il a pu faire, soit pour obtenir le remboursement de ses dépenses. Il n'en est pas de même du légataire d'un droit d'usufruit ou d'habitation aux termes des L.59 *de rei vindicatione*, et 15 de *usufructu*. Cette différence paraît au premier abord inexplicable , car le légataire n'est pas plus de mauvaise foi que le fermier; ils savent l'un comme l'autre , qu'ils ne possèdent pas à titre de propriétaire et que tôt ou tard ils devront rendre ce dont ils jouissent actuellement. Aussi Cujas (t. vii, p. 322) déclarait-il ne pouvoir expliquer cette opposition que par une divergence de doctrine entre les deux écoles des Sabiniens et des Proculéiens.

Nous pensons, quant à nous, que la conciliation de ces textes n'est pas impossible. Le louage, en effet, est un contrat qui oblige les contractants à se tenir compte mutuellement de ce que la bonne foi exige ; l'action *conducti* comme l'action *locati* est *bonæ fidei;* au contraire, celui qui habite une maison comme légataire d'un droit d'usufruit ou d'habitation n'a pas, comme le locataire, une action, contre le propriétaire qui n'est lié envers lui par aucune obligation.

Après avoir développé les obligations des deux parties contractantes, il nous reste à rechercher comment s'éteint le bail à ferme. Ce sera, en partie, l'objet de la section suivante.

SECTION IV.

Des modes d'extinction du bail à ferme et de la tacite reconduction.

Le bail à ferme finit d'abord, par l'expiration du temps pour lequel il a été contracté. Le bail, à Rome, était généralement fait pour un lustre; et un rescrit de Philippe (L. 11 Code, *de loc. et cond.*) décide que ce délai expiré, le fermier ou ses héritiers ne peuvent être contraints à cultiver le fonds. D'un autre côté, une constitution de Zénon punit de l'exil le fermier qui, à l'expiration de son bail, refuserait de livrer à son successeur la possession du fonds (L. 32 Code, *eod. tit.*).

Le bail finit en second lieu, quand la ferme vient à être détruite ou le droit du bailleur à être résolu. Par exemple, si un usufruitier a passé bail d'une ferme et qu'il vienne à mourir pendant le cours du bail, le contrat sera résolu de plein droit par la résolution du droit du locateur (L. 9, §1, Dig. *loc. cond.*).

Le locataire ayant connu le droit du locateur n'a contracté avec lui qu'en cette qualité. Il savait que l'usufruitier n'avait le droit de jouir de l'héritage et par conséquent d'en accorder la jouissance à un autre que pendant sa vie; il est donc censé n'avoir voulu l'affermer que pendant ce temps.

D'ailleurs, c'est son droit d'usufruitier que le bailleur est censé louer, plutôt que l'héritage qui ne lui appartient pas. C'est pourquoi, son droit qui est le sujet du bail ne subsistant plus, le bail ne peut plus subsister Ulpien, dans cette loi, décide donc que le fermier n'aurait pas droit de se faire rembourser par le propriétaire, les impenses qu'il aurait faites dans l'espérance de jouir pendant toute la durée du bail.

Mais si la résolution du droit du locateur arrivait par son fait, si par exemple il faisait au nu-propriétaire l'abandon de son usufruit, son obligation de faire jouir le fermier pendant la durée du bail ne s'éteindrait pas, car il ne peut pas rompre à sa volonté les engagements qu'il a pris.

De même, si l'usufruitier a passé le bail, non pas en sa qualité d'usufruitier, mais en se posant comme propriétaire du fonds, il sera tenu ou ses héritiers, à des dommages-intérêts envers le fermier expulsé par sa faute. Ainsi le décide une constitution d'Antonin et de Sévère.

Le bail ne se résout pas par la mort de l'une des parties; mais selon le principe commun à tous les contrats, les droits et les obligations qui résultent du bail, passent en la personne de ses héritiers.

Ce principe reçoit pourtant une exception, au cas où le bail n'est pas fait pour un temps déterminé, mais pour aussi longtemps qu'il plaira au locateur : *Locatio precalivè ita facta quoad is qui locasset, vellet, morte ejus qui locavit tollitur* (L. 4 Dig. *loc. cond.*) On trouve là un de ces raisonnements subtils si fréquents chez les jurisconsultes romains.

Les actions *locati* et *conducti* passent donc aux successeurs universels, mais elles ne passent pas aux successeurs particuliers, légataires ou tiers acquéreurs.

Au cas de vente de la chose louée, par exemple, l'acquéreur n'est pas tenu d'entretenir le bail, « *Emptorem fundi necesse non est stare colono cui prior dominus locavit, nisi eâ lege emit* » (L. 9 au Code *de locato et conducto*). Le fermier n'a alors contre le locateur qu'une action en dommages-intérêts résultant de l'inexécution de son obligation. La loi *emptorem* renfermé une exception qui est devenue dans notre législation, le droit commun. L'acquéreur est tenu de respecter le bail quand il a acquis le fonds avec cette condition; et on ne peut opposer contre la validité d'une pareillle clause la règle de droit: *nec paciscendo, nec legem dicendo, nec stipulando, quisquam alteri cavere potest* (L. 73 D. in fine *de Reg. Jur.*), car cette règle n'a lieu que lorsque le stipulant n'a aucun intérêt à la chose qu'il stipule pour les autres, et ici le locateur a le plus grand intérêt au maintien du bail, puisque, sans cela, il serait passible de dommages-intérêts.

Si le successeur à titre particulier n'est pas obligé d'entretenir le bail, le fermier ou locataire n'est pas, de son côté, obligé envers lui de l'entretenir; car, de même, que le successeur ne succède pas aux obligations résultant du bail dont il n'a pas été chargé, de même il ne doit pas succéder aux droits résultant de l'obligation contractée par le fermier, si son auteur ne les lui a pas cédés. C'est l'avis de Bruneman et de Pothier qui invoquent à l'appui de leur opinion les termes de la l. 32 Dig. *loc. cond.* « *Qui fundum in plures annos locaverat decessit, et fundum legavit, Cassius negavit posse cogi colonum ut fundum coleret, quia nihil hæredis interesset.*

Despeisses était d'avis contraire : suivant lui, de ce que le fermier n'est pas tenu envers l'héritier il n'en résulte pas qu'il ne soit pas obligé envers le légataire.

Mais nous pensons comme Bruneman et Pothier que devant les termes absolus de la L. 32, *Cassius negavit posse cogi colonum*, il n'y a pas lieu de distinguer. Si Julien n'explique sa décision que par rapport à l'héritier, c'est qu'à son égard seulement le doute était possible. Le légataire, en effet, ne peut avoir d'action contre le fermier, ni du chef du défunt, si celui-ci ne lui a formellement cédé ses droits tels qu'ils résultent du bail, ni de son chef puisque le fermier n'a contracté envers lui aucune obligation.

Dans tous les cas que nous venons d'examiner, la résolution a lieu de plein droit ; il en est d'autres où la résolution n'a pas lieu de plein droit, mais peut être demandée soit par le locateur, soit par le locataire.

Ainsi le locateur peut expulser le locataire dans les trois cas suivants rapportés par la célèbre L. 3 au C. *de loc. et cond.* : « *Æde quam te conductam* « *habere dicis, si pensionem domino in solidum sol-* « *visti, invitam te expelli non oportet ; nisi propriis* « *usibus dominus eam necessariam esse probaverit,* « *aut corrigere domum maluerit, aut tu malé in re* « *locata versata es.* »

De ces trois causes de résolution, les deux dernières sont certainement applicables au bail à ferme. Quant à la première, nous croyons qu'elle doit être restreinte aux baux à loyer, car les biens ruraux ne sont pas compris sous le nom de *œdes* dont parle la loi ; et ce droit, établi pour les maisons, étant exorbitant et contraire aux principes généraux, ne doit pas être étendu.

De son côté, le locataire peut demander la résolution du bail quand le propriétaire refuse de faire les réparations convenues, où lorsqu'un voisin, en élevant sa maison, lui a ôté le jour dont il avait besoin (L. 25, § 2, Dig. *loc. cond.*)

Lorsque, à l'expiration du bail, le fermier continue à jouir du fonds, sans opposition de la part du propriétaire, il se forme un nouveau contrat qu'on appelle *tacite reconduction*. Le consentement tacite du locateur joint à la jouissance continuée du preneur, telle est donc la base de la tacite reconduction. Il en résulte que si l'une des parties était morte ou tombée en démence avant l'expiration du premier bail, la reconduction ne pourrait avoir lieu (L. 14, Dig. *loc. cond.*) Dans tous les cas, quelle. qu'ait été la durée du bail précédent, et quel que soit le temps nécessaire pour percevoir tous les fruits, le bail résultant de la tacite reconduction n'est censé fait que pour l'année (Ead. L 13, § 11). Nous verrons que ce point a été complétement changé par le C. N.

Au reste, la reconduction est censée faite pour le même prix et aux mêmes conditions que le précédent bail. Les engagements respectifs du locateur et du conducteur ne changent pas.

Les gages et hypothèques stipulés pour l'ancien bail garantissent aussi l'exécution du nouveau (L. 10, C. *de loc. et cond.*). Il en serait autrement, toutefois, si c'était un tiers qui eût fourni les gages (*ead leg.* 13, § 11), ou un fidéjusseur qui eût garanti l'exécution du premier bail (L. 7, C. *de loc.*

et cond.) : il faudrait un nouveau consentement soit de ce tiers, soit de ce fidéjusseur.

Nous venons d'étudier le bail à ferme tel qu'il se présentait le plus souvent à Rome, dans les rapports privés des citoyens entre eux. Justinien et son commentateur Pothier, traitent à la suite du louage, d'un autre contrat qui se confondit longtemps avec lui : l'emphytéose dont le caractère précis ne fut déterminé que fort tard. A leur exemple, nous allons en dire quelques mots, pour terminer cette matière.

L'emphytéose (pour la définir à son origine) était la concession d'un fonds inculte que l'une des parties livrait à l'autre, soit à perpétuité, soit pour un long temps (*locatio in perpetuum vel longum tempus*), à la charge par celle-ci de l'améliorer par des constructions ou des plantations et de payer une redevance annuelle. Et de là même, son nom d'emphytéose, dont l'étymologie grecque ἐμφυτεύω signifie défricher, planter.

Appliquée d'abord, chez les Romains, aux fonds qui appartenaient au peuple, aux cités, aux corporations, *agri vectigales* (L. 1,§ 1, Dig., *si ager vectigal. petatur*), puis aux biens patrimoniaux des empereurs, cette espèce de convention finit par se généraliser et par s'étendre dans toutes les relations civiles et aux biens des particuliers , *agri emphyteutarii* (L. 71, § 5 et 6, Dig. *de legat.*)

Tant que les emphytéotes s'étaient trouvés en face du fisc qu'ils avaient besoin de ménager, ils avaient gardé le silence ; mais lorsque la liberté des conventions les eut liés d'intérêt avec de simples particuliers, ils furent plus hardis à élever la voix et à étendre leurs prétentions. De leur côté, d'ailleurs, les propriétaires directs opposant exigences à exigences, multipliaient les petites vexations et les tracasseries afin d'accroître les revenus de leurs terres. L'attention des jurisconsultes se tourna vers l'examen des difficultés que soulevèrent ces conflits : une des questions les plus importantes fut celle qui s'éleva sur la nature même du contrat.

La *locatio in perpetuum* était-elle un bail à ferme, ou ne renfermait-elle qu'une vente ? Elle tenait du louage en ce que le preneur devait payer, chaque année, un canon déterminé ; elle tenait de la vente, puisque le propriétaire avait aliéné à jamais la propriété du fonds.

La question était très-importante sous le rapport des risques et des constructions faites par le preneur. Décidait-on que la *locatio in perpetuum* était un bail à ferme, les risques de la chose étaient pour le *locator*, en ce sens que la chose détruite, le locataire était libéré de l'obligation de payer le *vec-*

tigal et les constructions faites par le preneur pouvaient être enlevées par lui comme par tout autre lorsqu'une circonstance quelconque mettait fin au contrat. Décidait-on que la *locatio in perpetuum* était une vente, les risques étaient pour le preneur comme pour tout acheteur, et il était tenu de continuer le paiement du *vectigal*, et quant aux constructions, il ne pouvait pas plus qu'un usufruitier, les enlever

Enfin, si le preneur était un acheteur, il avait nécessairement un droit réel sur les fonds. Aussi est-il probable que Paul qui (l. 1, *si ager vectigalis*) concédait au preneur d'un fonds *in perpetuum* un droit réel, penchait pour le considérer comme un acheteur, tandis que Gaius déclare (*Inst. Comm.* 3, § 145) que, *magis placuit locationem conductionemque esse*.

La célèbre constitution de Zénon *de Jure emphyteutico* (Cod. lib. 4, t. 66), vint mettre un terme à ces controverses en décidant que la *locatio in perpetuum* formerait, sous le nom d'emphytéose, un contrat mixte (*tertium jus*), distinct de la vente et du louage.

Cette constitution, tranchant la question des risques, décide que la perte totale sera pour le *locator*, la perte partielle pour le *conductor* qui ne pourra, de ce chef, demander une diminution de canon.

Enfin Justinien, dans deux constitutions (2 et 3

au Code *de Locato et conducto*) qui jouèrent un grand-rôle au moyen-âge, règle plusieurs autres points importants;

1° L'Emphytéote ne pourra désormais être expulsé que pour défaut de paiement du canon pendant trois ans (Const. 2);

2° Dans le silence de la convention, le preneur ne pourra céder son droit, sans le consentement du bailleur. Mais, afin de ne pas laisser l'emphytéote à la merci du propriétaire (const. 3), l'empereur accorde à ce dernier, pour manifester sa volonté, deux mois seulement, à partir du jour où la dénonciation du contrat lui aura été faite. Si, dans cet intervalle, le propriétaire ne s'est pas prononcé, le preneur pourra passer outre à l'aliénation.

Du reste, dans le cas de vente, la constitution accorde au bailleur un droit de préférence sur tous les autres acquéreurs, et lui permet de prendre, dans les deux mois, la vente pour son compte, en offrant le prix porté au contrat.

Enfin, l'emphytéote qui n'a pas dénoncé l'aliénation au propriétaire direct, encourt la déchéance de son droit, et pour récompense de l'approbation que le propriétaire donne à l'aliénation, l'emphytéote doit lui payer la cinquantième partie du prix ou de l'estimation de la chose, lorsqu'un autre taux n'a pas été fixé par le contrat primitif de concession.

Ces diverses constitutions ne parlent pas expressément de la question du droit réel, mais la constitution 2 précitée nous paraît l'accorder implicitement à l'emphytéote, en déclarant qu'à moins de non paiement du vectigal, l'acquéreur du fonds ne pourra jamais expulser l'emphytéote ou son héritier. Cet argument est surtout puissant , quand on considère que Paul reconnaissait, avant la constitution de Zénon, l'existence de ce droit réel , au profit du preneur d'un *ager vectigalis*.

Nous avons épuisé, maintenant, notre matière en droit romain. Avant d'exposer les principes du bail à ferme, sous le Code Napoléon, nous devons dire quelques mots de l'ancienne jurisprudence.

ANCIEN DROIT FRANÇAIS

C'est seulement vers le xii° siècle, à l'époque où les campagnes suivant l'exemple que les villes leur avaient donné 200 ans plus tôt, secouèrent le joug des seigneurs, qu'on voit le bail à ferme faire, en France, son apparition. Ducange (v° *Firma*), cite deux exemples de ce contrat, l'un de 1089, et l'autre de 1100.

Et en effet, quand sur la terre de France il n'y avait que des seigneurs, propriétaires du sol, et des esclaves de la glèbe le cultivant pour eux, pouvait-il être question d'un mode d'exploitation qui suppose des cultivateurs libres.

C'est aussi vers cette époque de l'émancipation des communes, que les légistes, qui ne furent pas les derniers à favoriser le mouvement , se substituèrent définitivement aux seigneurs dans les baillages et dans les parlements et devinrent ainsi, de simples conseillers, les maîtres de la justice.

Sous l'influence du droit romain dont ces savants étaient imbus, on vit l'ancien droit barbare se plier, s'adoucir, se transformer rapidement. Dans toutes les matières qui n'étaient pas essentiellement empreintes du caractère féodal, dans tous les contrats que l'état nouveau de la société dut nécessairement faire renaître, les règles du Digeste et du Code furent les principes que les légistes suivirent fidèlement.

Aussi Pothier, dans son savant *Traité du louage*, invoque-t-il à chaque page, à l'appui des décisions qu'il donne pour le for extérieur, telle ou telle loi du Digeste ou du Code.

On peut donc poser en principe que les règles du bail à ferme, dans notre ancien droit, sont identiquement les mêmes qu'en droit romain.

Deux points importants seulement nous ont paru modifiés. L'un est relatif à la responsabilité du preneur, par rapport aux personnes de sa maison. « Nous sommes en ce point, » dit Pothier, « plus rigoureux que les jurisconsultes romains. Ceux-ci ne rendaient le locataire responsable des fautes de ses esclaves ou de ses hôtes que dans le cas auquel il aurait été en faute lui-même, d'avoir eu à son service des esclaves mauvais, de la part desquels il y avait lieu de craindre l'accident qui est arrivé, ou d'avoir reçu chez lui des hôtes de pareil caractère ; autrement, il n'en était pas tenu en son nom. » L'autre concerne la durée de la tacite reconduction et des baux dont l'expiration n'aurait pas été réglée d'avance. Tandis qu'à Rome le bail était censé fait pour une année, dans notre ancien droit comme dans le Code Napoléon, la fixation de la durée du bail avait pour base, le temps nécessaire à la perception de tous les fruits du fonds loué; ainsi, si c'était un héritage qui, d'après l'usage, se cultive en trois soles, le bail était censé fait pour trois années. Nous n'avons donc rien à ajouter sur le bail à ferme ordinaire.

Mais à côté des biens appartenant aux particuliers se trouvaient dans notre ancien droit les biens appartenant aux gens de main-morte que la générosité facile des Mérovingiens et le zèle religieux des seigneurs, à l'époque des Croisades, avaient multipliés dans toutes les parties de la France, et qui durent nécessairement être soumis à des règles spéciales pour leur mise en bailliage.

On appelait gens de main-morte les gens d'église, les villes, les hopitaux, les habitants d'un village et généralement toutes les communautés perpétuelles et qui, par subrogation de personnes, sont censées être toujours les mêmes corps. On conçoit, dès lors, qu'on ne pouvait pas donner aux directeurs de ces établissements les mêmes droits qu'à un simple particulier; il était à craindre que dans un intérêt purement personnel, il ne négligeât l'intérêt à venir de la communauté qu'il était appelé à garantir. C'est pour ce motif, que les ordonnances avaient limité le temps, pour lequel les biens des mains-mortables pourraient être donnés à bail et tracé rigoureusement les formes, dans lesquelles les baux de ces biens devaient être passés.

Ainsi, de peur que l'abbé ou le directeur de la communauté ne se laissât séduire par les fermiers, au moyen de pots de vins considérables, le droit de consentir des baux à ferme plus de deux ans par anti-cipation, ou pour un temps plus long que neuf années, durée ordinaire des baux, leur était interdit.

Quant aux règles de forme, tous les baux de gens de main-morte devaient être passés devant notaires, contrôlés et enregistrés au bureau des gens de main-morte; et de plus, quand il s'agissait de biens de main-morte appartenant à des commu-nautés, ils devaient être passés par la communauté tout entière après affiches, publications et enchères.

Quant aux biens dépendant des bénéfices, ils ne pouvaient être affermés ni à des étrangers ni à des gentilshommes, et le bail s'éteignait toujours par la mort du titulaire, comme à Rome il s'éteignait par la mort de l'usufruitier. Telles sont les règles spé-ciales qui servaient aux baux des biens des gens de main-morte et que, dans les limites restreintes de notre sujet, nous n'avons pas à développer.

Nous devons dire aussi quelques mots du *bail judiciaire* qui, inconnu des Romains, prit dans notre ancien droit une grande extension. « Le bail judi-

ciaire, » dit Pothier, « est celui par lequel la jouissance d'un héritage ou d'un droit incorporel est
adjugée par le juge, à titre de ferme ou de loyer,
pour un certain temps, au plus offrant et dernier
enchérisseur. Les baux judiciaires le plus en usage
étaient ceux des biens saisis réellement, qui se fai-
saient sur la poursuite du commissaire aux saisies
réelles. Du reste, si lors de la saisie, l'héritage se
trouvait affermé sans fraude, le fermier pouvait
avant l'adjudication intervenir et demander que son
bail conventionnel fût converti en bail judiciaire.
Et la seule différence qui découlât de cette confir-
mation donnée par la justice au bail judiciaire consistait en ce que le fermier était alors de plein droit
soumis à la contrainte par corps, tandis que d'après,
l'ordonnance de 1667, il fallait qu'il s'y fut soumis
par une clause expresse du contrat. Aussi les ecclé-
siastiques, les femmes, les septuagénaires, les mineurs qui n'étaient pas sujets à la contrainte par
corps ne pouvaient pas se rendre adjudicataires des
baux judiciaires. L'ordonnance de Blois et un règle-
ment de 1722 avaient de plus, dans l'intérêt du
saisi, interdit aux juges, avocats, commissaires,
procureurs, huissiers le droit de se rendre adjudicataires de baux judiciaires dans le ressort des
juridictions où ils exerçaient leurs fonctions.

A côté du bail à ferme, on rencontre, dans notre
ancien droit, sous le nom générique de bail suivi

de la qualification spéciale qui était propre à chacune d'elles, des concessions d'une autre espèce qui engendraient des droits réels.

Il ne saurait entrer dans notre plan d'examiner ici en détail chacune de ces nombreuses variétés de baux à physionomie singulière.

Nous esquisserons seulement à grands traits les caractères des plus importants, savoir : de l'emphytéose et du bail à cens, du champart, du bail à domaine congéable.

L'emphytéose, dont nous avons retracé la naissance et le développement à Rome, fit, dans notre ancien droit, une rapide et brillante fortune.

Cette combinaison s'adaptait en effet merveilleusement à l'organisation politique et sociale de la France d'alors. Elle ne fut même plus appliquée, comme à son origine, aux fonds incultes, « elle se pratiqua, » dit Loyseau, « aussi bien aux héritages fertiles qu'aux infertiles, comme Dumoulin l'a fait bien remarquer sur le titre deuxième de la coutume ; et conséquemment il faut croire que le fermier à emphytéose n'est pas chargé d'améliorer les héritages, s'il ne s'y est soumis expressément par le contrat. »

Etrangère d'abord à la féodalité par son origine romaine, l'emphytéose se rapprocha de plus en plus intimement des concessions féodales (et particulièrement du bail à cens) avec lesquelles elle avait toujours eu, dès le principe, une grande affinité, à ce point qu'elle finit par s'y altérer tout à fait et, pour ainsi dire, par s'y confondre.

« L'emphytéose et le bail à cens, » dit Boutaric, « ne diffèrent presque que de nom.... On pourrait ajouter qu'on ne peut bailler à cens qu'un fonds qu'on possède noblement ; au lieu que pour bailler un fonds à titre d'emphytéose, il suffit de le posséder en franc-alleu. Mais à cela près, la ressemblance de ces deux contrats ne peut être plus parfaite ; et je ne suis point surpris que nos auteurs les confondent si souvent l'un avec l'autre, en se servant de bail à cens et de bail emphytéotique comme de deux expressions synonymes. » En principe, le droit de l'emphytéose paraîtrait plutôt avoir été diminué en passant dans notre législation (l'ancienne jurisprudence en effet ne lui accordait que le domaine utile)..... Mais c'est là une restriction toute de théorie, et, au point de vue pratique, on peut se convaincre qu'au contraire, ce droit fut plus assuré que celui de l'emphytéote romain, sous les rapports suivants :

1° Le défaut de paiement du cens était une cause de déchéance à Rome. Notre ancienne jurisprudence n'admit pas ce principe ;

2° En droit romain, l'emphytéote encourait aussi déchéance quand il aliénait sans avertir le propriétaire.

Cette déchéance ne fut pas admise dans notre ancien droit (et même généralement, il fallait stipulation expresse pour que, dans ce cas, le propriétaire perçût un droit de mutation) ;

3° L'emphytéote romain ne pouvait se libérer en délaissant le fonds. — Au contraire, notre ancien droit lui permit le *déguerpissement*, disposition empruntée aux règles du bail à rente.

L'emphytéose était perpétuelle ou temporaire.

L'emphytéose perpétuelle fut abolie par la loi des 18-29 décembre 1790, art. 1er.

Et il n'est pas douteux que cette abolition a été maintenue par le C. Nap. (Art. 530).

Quant à l'emphytéose temporaire, c'est-à-dire à celle qui n'excédait pas 99 ans, la législation intermédiaire l'avait maintenue. L'art. 1er de la loi du 29 décembre 1790 est formel à cet égard.

Et deux autres lois de la même époque, deux lois relatives au régime hypothécaire, ne sont pas moins explicites.

D'abord, la loi du 9 messidor an III, dont l'art. 5 déclare susceptible d'hypothèque *l'usufruit des biens territoriaux résultant seulement des baux emphytéotiques, lorsqu'il reste encore vingt-cinq années de jouissance.*

Enfin, la loi du 11 brumaire an VII dont l'art. 6 déclare susceptible d'hypothèque, *l'usufruit ainsi que la jouissance à titre d'emphytéose des mêmes biens pendant le temps de leur durée.*

Nous examinerons plus tard, si les rédacteurs

du Code Napoléon ont conservé l'emphytéose temporaire.

Le *champart* était la concession d'un fonds à la charge d'une redevance qui consistait dans une portion des fruits; et de là, même, sa dénomination : *fructuum pars.... campi pars...., campi partus;* dénominations génériques; car, à vrai dire, le *champart* avait dans chaque province, un nom particulier et on l'appelait aussi suivant les lieux et les usages : *terrage, agrier, quart ou tiers raisin, complant,* etc.

Les effets de ces diverses espèces de concessions n'étaient pas non plus, à beaucoup près, partout les mêmes.

Quelquefois le champart était un droit seigneurial. D'autres fois, il ne constituait qu'une redevance purement foncière. Il y avait même des champarts qui n'étaient, en réalité, que des baux à ferme, dans lesquels le preneur n'avait d'autre droit que celui d'un simple colon partiaire (Pothier, des champarts, art. 1 et 2).

Le *bail à complant* était un contrat par lequel le propriétaire d'une terre non cultivée, ou même cultivée, la cédait à un preneur, à la charge de la *complanter,* c'est-à-dire de la planter d'arbres, le plus souvent de vignes, et de lui payer une redevance annuelle qui consistait ordinairement en fruits et qu'on appelait *complanterie.*

Ces sortes de concessions étaient autrefois et sont même encore aujourd'hui fort en usage dans le Maine, le Poitou, la Saintonge, l'Anjou et particulièrement dans la Bretagne.

Les baux à complant, de même que les champarts, pouvaient être de trois sortes :

Les uns féodaux ou mélangés de féodalité ;— les autres purement fonciers ; — les troisièmes enfin ne dépouillaient le bailleur d'aucun droit de propriété ni direct ni utile, et ne conféraient au preneur que le droit d'un fermier.

Cette distinction est importante, car la législation intermédiaire a très-différemment traité ces trois espèces de concessions :

Les redevances féodales ou mélangées de féodalité ont été supprimées sans indemnité (L. du 17 juillet 1793, art. 1).

Les redevances perpétuelles purement foncières qui étaient autrefois immobilières et irrachetables, ont été déclarées mobilières et rachetables (L. du 4 août 1789, art. 6 ; l. du 29 décembre 1790, art. 1 ; l. du 17 juillet 1792, art. 2).

Quant aux redevances qui ne constituaient qu'un simple loyer ou fermage, et qui ne supposaient aucune transmission quelconque de propriété de la part du bailleur au preneur, elle les a maintenues entièrement.

On appelait *bail à domaine congéable* ou *bail*

à convenant, une convention par laquelle le propriétaire d'un immeuble le louait à un tiers en lui vendant, en même temps, les édifices et superficies qui le couvraient, avec la faculté d'expulser et de *congédier* le preneur à l'expiration du terme convenu ou même à toute époque ; et de là son nom de domaine *congéable.* La redevance annuelle, le fermage s'appelait *rente convenancière :* le bailleur conservant la propriété de son fonds se nommait *foncier :* et le preneur, *domanier.*

Cette convention, on le voit, renfermait tout à la fois un bail et une vente avec faculté de rachat.

La loi des 7 juin, 5 août 1790 maintint les baux à domaine congéable, en supprimant seulement ce que certains usements y avaient mêlé de féodalité.

Mais, plus tard, la Convention nationale, par son décret des 27 août, 7 septembre 1792, commit une injustice flagrante en déclarant que *les ci-devant domaniers demeureraient propriétaires incommutables, du fonds comme des édifices et superficies de leur tenure* (art. 1.)

C'était dépouiller le bailleur pour enrichir le locataire.

Aussi la loi du 9 brumaire an vi vint-elle, peu de temps après, abroger la loi du 7 septembre 1792, et remettre en vigueur la loi du 7 juin 1791.

Le bail à domaine congéable est encore aujourd'hui pratiqué dans une partie de la Bretagne (V. la loi électorale du 19 avril 1831).

Ici s'arrête ce que nous avions à dire de notre ancien droit français.

Nous allons passer, maintenant, à l'étude du bail à ferme sous le Code Napoléon ; nous retrouverons les principes du droit romain modifiés, seulement en quelques points, d'une manière favorable à l'agriculture.

DROIT FRANÇAIS

SOUS L'EMPIRE DU CODE NAPOLÉON.

CHAPITRE PREMIER.

DISPOSITIONS GÉNÉRALES.

SECTION PREMIÈRE.

Des éléments du bail à ferme.

Le Code Napoléon reconnaît deux sortes de contrats de louage, celui des choses et celui d'ouvrage.

Le louage des choses se divise lui-même en trois
sortes de louage : le bail à loyer, le bail à cheptel
et le bail à ferme.

Nous n'avons pas à parler du louage d'ouvrage
et dans le louage des choses, le bail à ferme doit
seul nous occuper.

Le bail à ferme est un contrat par lequel une personne procure à une autre la jouissance temporaire

d'un héritage rural, moyennant un prix déterminé que celle-ci s'oblige à lui payer.

C'est un contrat du droit des gens, consensuel, synallagmatique et commutatif, exigeant pour sa formation trois éléments : le consentement, la chose et le prix. Il importe tout d'abord de le distinguer de plusieurs autres conventions avec lesquelles il a des analogies plus ou moins étroites.

« Le bail à ferme d'une terre, dit Pothier (n° 4. du Louage), *s'analyse en une vente que le bailleur fait au fermier des fruits qui y seront à recueillir pendant le temps du bail*, et la ferme de chaque année du bail est le prix des fruits que le fermier recueillera durant ladite année. »

Cette idée ne nous paraît pas très-exacte ; notre grand jurisconsulte confond ici, mal à propos, deux contrats forts distincts dans leur objet et dans les effets qu'ils produisent.

Proud'hon dans son Traité des droits d'usufruit, t. 2, n° 99, fait admirablement ressortir ces différences : « Le bail, dit-il, n'a pour objet qu'un droit incorporel qui est le droit de cultiver et de jouir.

« La vente des fruits a au contraire pour objet des corps certains qui sont les fruits vendus.

« Dans le bail, les frais de culture et de semence sont à la charge du preneur, puisqu'on ne lui a cédé que le droit de cultiver et de jouir.

«Dans la vente des fruits, tous les frais de culture sont censés faits ; et s'ils étaient à faire, ils seraient à la charge du vendeur qui s'est chargé de livrer les fruits du fonds.

« Le bail n'opère soit envers le preneur, soit envers le bailleur, que l'acquisition d'un droit successif. Il donne au preneur le droit de jouir, lequel s'exerce successivement, chaque jour ; d'autre part, il donne au bailleur le droit d'exiger le prix du bail, lequel échoit de même, jour par jour, en suivant également la marche du temps.

« Mais dans la vente, tous les droits qu'elle produit sont instantanés. Une fois le consentement donné, tout le prix est acquis au vendeur et toute la chose vendue reste aux risques et périls de l'acheteur. Il n'y a rien qui s'acquière jour par jour comme dans le bail : tout est au contraire acquis en un seul instant. Si la chose louée vient à être détruite, la jouissance du preneur cessant, ses obligations cessent aussi ; mais sitôt que le contrat de vente est parfait, que la chose qui en est l'objet périsse ou non, l'acquéreur n'en reste pas moins tenu d'en payer le prix. »

Le bail présente aussi une grande analogie avec la constitution d'usufruit : tous deux, en effet, ont pour objet la jouissance de la chose et confèrent le droit d'en percevoir les fruits. Mais il existe entre eux de nombreuses et notables différences.

L'usufruit est établi ou par la loi ou par la volonté de l'homme. Il n'y a pas de bail légal.

L'usufruit peut être constitué à titre gratuit, par testament ou par donation entre vifs ; à titre onéreux, par des conventions particulières. Au contraire, le bail ne peut être établi que par le contrat de louage, et jamais à titre gratuit.

Voilà pour les modes d'établissement.

Quant aux effets, l'usufruitier a sur la chose un droit réel qui participe de la propriété et, à tel point, que l'usufruit d'un immeuble est pour l'usufruitier un véritable immeuble qu'il peut hypothéquer (art. 2118). Au contraire, le contrat de louage ne produit pas de modification de la propriété et ne fait naître que des obligations personnelles entre le preneur et le bailleur. Il est vrai que quelques auteurs, s'appuyant sur l'art. 1743, ont prétendu que le bail confère au preneur un véritable droit réel ; mais nous démontrerons plus loin la fausseté de cette doctrine.

Le bailleur a contracté l'obligation de faire jouir le preneur ; pour satisfaire à cette obligation, il doit délivrer la chose en bon état de réparations de toute espèce (art. 1720).

L'usufruitier, au contraire, prend la chose dans l'état où elle se trouve (art. 600).

Pendant la durée de l'usufruit, toutes les dépenses d'entretien sont à la charge de l'usufruitier (art. 605). Le preneur au contraire n'en supporte aucune, et si la loi met à sa charge les réparations dites *locatives*, ce n'est qu'en vertu de la présomption qu'elles sont le résultat de son fait ou de sa faute : présomption qui admet la preuve contraire (art. 1755).

Pendant la durée de l'usufruit, l'usufruitier est tenu de payer tous les impôts dont son fonds est grevé. Au contraire, l'impôt foncier n'est pas à la charge du locataire ; et s'il en est quelquefois autrement, c'est par suite d'une clause particulière du bail.

Enfin, l'usufruit et le bail prennent fin tous deux par la perte de la chose, mais les conséquences sont différentes.

Propriétaire de deux maisons, j'en loue une à Jean et je concède à Louis un droit d'usufruit sur l'autre ; un mois s'écoule, un incendie dévore mes deux maisons. Jean, mon locataire, me dira : j'ai occupé votre maison un mois, c'est un mois de loyer que je vous dois ; et s'il avait payé d'avance, il pourrait exercer la répétition. Mes rapports avec Louis l'usufruitier, sont bien différents : la perte de la chose n'a pas éteint son obligation de payer la redevance annuelle, prix de la concession ; dans ce sinistre, chacun de nous a perdu ce qu'il pouvait perdre, Louis la jouissance, moi la propriété.

Quand l'usufruitier meurt, son droit s'éteint et ne

passe pas à ses héritiers; au contraire, les héritiers du preneur succèdent aux obligations et aux droits de leur auteur dans le bail.

Examinons maintenant les divers éléments du contrat de louage; la chose, le prix et le consentement.

La chose objet du contrat, dans le bail à ferme, ne peut être qu'un bien rural, et on entend par biens ruraux ceux qui produisent des fruits naturels ou industriels que le fermier a droit de percevoir. Ainsi un pré, un bois, une vigne, un jardin maraîcher sont des biens ruraux; mais on a peine à comprendre comment la cour de Paris a pu, dans un arrêt du 10 juin 1825, faire rentrer un chantier dans la classe des biens ruraux et appliquer au bail qui en avait été passé, les règles du bail à ferme.

La question de savoir quelle règles on doit appliquer ne peut offrir de difficultés que quand des terres et des bâtiments ont été loués ensemble dans le même contrat.

On doit suivre alors cette ancienne règle du droit Romain : « *accessorium sequitur principale.* » Les terres sont-elles de peu de valeur par rapport aux bâtiments, ne constituent-elles, par exemple, qu'un jardin joint à une maison de campagne, on décidera que le contrat est un bail à loyer. Au contraire, les bâtiments ne forment-ils évidemment que l'accessoire des terres, comme les bâtiments d'une ferme, on décidera nécessairement que le bail est un bail à ferme.

En cas de difficulté, ce sera aux magistrats de rechercher, en s'aidant des termes même de l'acte, quel a été dans la pensée des parties l'objet principal du contrat.

Nous avons vu qu'en droit romain, le propriétaire d'un bien rural ne pouvait pas en devenir le fermier; il en est de même en droit français. La propriété, le plus étendu, le plus absolu des droits, embrasse nécessairement tous les autres, et par conséquent, le droit de jouissance que confère le louage. Montrons par un exemple, l'intérêt de cette question qui peut paraître oiseuse, au premier abord.

J'ai loué ma ferme à Titius pour dix ans, moyennant 500 francs par an. Au bout de cinq ans, des circonstances malheureuses me forcent à travailler par moi-même; je demande à Titius de rentrer dans ma ferme pour les cinq années du bail qui restent encore à courir. Titius qui y consent, moyennant une indemnité de 100 francs par an, donne à cette convention passée entre nous, le nom de bail à ferme, et me constitue ainsi son sous-locataire moyennant 600 francs par an; il n'aura cependant pas, pour sa créance de 100 francs le privilége que la loi accorde au bailleur d'un fonds rural. En effet, Titius n'est pas mon bailleur, puisque je ne peux pas être le fermier de ma propre chose.

Une servitude ne pourrait pas être par elle-même l'objet d'un contrat de louage. Mais quand le propriétaire d'un fonds le donne à ferme, les servitudes actives ou passives sont comprises dans le bail, comme accessoires et dépendances de ce fonds.

Le prix est de l'essence du louage. Si aucun prix n'a été stipulé, le contrat n'est plus un bail à ferme, c'est une donation, une constitution d'usufruit ou un prêt à usage.

Le prix peut consister soit en argent, soit en denrées ; soit partie en argent, partie en denrées. Si c'est une quote-part, comme le tiers ou la moitié des fruits que le preneur s'oblige à payer au bailleur, c'est alors une variété du bail à ferme, un bail à métairie ou à colonage partiaire, dont nous étudierons plus tard les caractères.

Le prix doit être sérieux ; c'est pourquoi un bail de jouissance fait *nummo uno* ne contiendrait pas de prix; ce serait un contrat de prêt à usage. Toutefois, il n'est pas nécessaire que le prix représente exactement la valeur de la jouissance de la chose affermée. Il suffit que le prix, quoique vil, ne soit pas tellement minime qu'il doive être considéré comme n'existant pas ; il suffit qu'il soit sérieux, c'est-à-dire stipulé avec l'intention formelle de l'exiger et d'en profiter. Dès lors, il y a cette diffé-

rence entre le prix du louage et le prix de la vente,
que, dans ce dernier cas, si le prix descend au-
dessous d'une certaine limite, il y a lieu à rescision
pour lésion ; tandis que dans le louage, la **vileté**
du prix n'est pas une cause de rescision.

Il n'est pas nécessaire que le prix soit déterminé,
il suffit qu'il soit déterminable; il peut être, comme
dans la vente, laissé à l'arbitrage d'un tiers.

Mais si l'expert désigné ne remplit pas sa mission, faudra-t-il appliquer la disposition rigoureuse
de l'art. 1592, en matière de vente? Nous ne le
croyons pas, et dans le silence du Code nous pensons que l'opinion de Pothier doit être encore suivie
aujourd'hui. Voici comment s'exprimait ce jurisconsulte : « Dans le contrat de louage *puta*, d'une
maison ou d'une métairie, le locateur qui n'est pas
à portée de l'occuper ou de l'exploiter par lui-
même, étant pressé de la louer, et le conducteur,
de son côté, ayant besoin de se pourvoir, on doit
présumer, au contraire, que lorsque les parties s'en
sont rapportées à une personne pour le prix du
loyer ou de la ferme, leur intention n'a pas été que
le contrat n'eût pas lieu, si elle ne faisait pas l'estimation ; mais qu'elle a été, au contraire, qu'il aurait lieu pour le prix estimé par d'autres experts.»
Si donc, l'arbitre choisi par les parties était venu à
décéder avant d'avoir rempli sa mission, ou s'il
refusait de la remplir, le contrat ne serait pas pour

cela anéanti, il y aurait lieu d'en nommer d'autres. L'art. 1716 favorise cette décision.

Quelquefois, le prix n'a pas besoin d'être fixé par les parties; c'est ce qui a lieu, par exemple, dans les tacites reconductions.

Le louage, comme tout autre contrat, ne peut se former, sans le consentement réciproque des parties. Pour que le bail soit valable, ce consentement doit être donné librement; s'il avait été extorqué par violence ou surpris par dol, le bail pourrait être annulé sur la demande de la partie qui aurait été victime de la violence ou du dol, conformément aux principe généraux qui régissent la matière des obligations.

L'erreur vicierait également le consentement et par conséquent le contrat, si elle était substantielle c'est-à-dire portant ou sur la nature de la convention, ou sur la chose, ou sur le prix.

Le consentement doit, en outre, émaner de personnes capables de contracter. C'est ainsi que les mineurs non émancipés et les interdits ne peuvent ni donner ni prendre à loyer. Mais il n'est pas nécessaire d'avoir la capacité de disposer d'un bien pour pouvoir en passer bail; il suffit d'en avoir l'administration : ainsi, la femme séparée de biens, le mineur émancipé, le majeur pourvu d'un conseil judiciaire, peuvent louer leurs biens personnels sans avoir besoin de l'autorisation, celle-ci de son mari, ceux-là de leur curateur, pourvu toutefois que la durée de ces baux n'excède pas neuf ans. La loi, en effet, a considéré comme actes d'administration les baux de neuf ans ou au-dessous.

Le droit de passer des baux appartient même, quelquefois, à celui qui, n'étant pas propriétaire, a simplement sur les biens un droit d'administration ou de jouissance. C'est ainsi que le mari peut donner à loyer ou à ferme les biens de sa femme, lorsque par l'effet de ses conventions matrimoniales, il a droit d'en jouir. Mais il doit se conformer pour leur durée et leur renouvellement aux règles tracées au titre du contrat de mariage dans les art. 1429 et 1430. Le tuteur peut également, avec les mêmes restrictions, passer bail des biens appartenant aux mineurs ou interdits.

En droit romain et dans notre ancienne jurisprudence (Pothier, n° 312), les baux passés par l'usufruitier se trouvaient résolus par l'extinction même du droit d'usufruit. Mais aujourd'hui, par une heureuse innovation, ces baux sont obligatoires pour le propriétaire, pourvu que l'usufruitier se soit conformé aux art. 1429 et 1430.

Si le bail passé par le mari, par le tuteur ou par l'usufruitier a été fait pour plus de neuf ans ou renouvelé avant le temps permis par la loi, le preneur ne peut se refuser à l'exécuter, car la restriction mise au pouvoir du mari, du tuteur ou de l'u-

sufruitier a été exclusivement introduite dans l'intérêt de la femme, du mineur ou du nu-propriétaire.

Faut-il également ranger parmi les personnes
capables de consentir le louage d'un bien, le propriétaire apparent avec lequel un locataire vient
traiter de bonne foi ? Quelques auteurs soutiennent
l'affirmative ; ils se fondent sur ce que les rédacteurs
du Code considèrent les baux comme de simples
actes d'administration.

On peut répondre qu'encore faut-il avoir qualité
pour faire ces actes de simple administration; et le
simple possesseur de bonne foi ne l'a pas. Sans
doute, le preneur est digne d'intérêt ; mais le bailleur n'a pu lui transmettre plus de droit qu'il n'en
avait lui-même : *Nemo plus juris in alium trans-
ferre potest quam ipse habet.* Le véritable propriétaire pourrait donc expulser le fermier et celui-ci
aurait également le droit d'invoquer la nullité du
bail, car il ne pourrait être contraint à remplir ses
obligations ni par le possesseur de bonne foi, puisque celui-ci n'a plus d'intérêt à la continuation du
bail, ni par le véritable propriétaire, puisqu'il n'a
pas traité avec lui.

Dans l'ancienne jurisprudence, cette opinion était
d'ailleurs généralement admise, et Pothier, dont
M. Marcadé invoque à tort l'autorité, était, au contraire, très-formel dans notre sens : « Le contrat est

« valable, dit-il (n° 20. Du Louage), non qu'on
« puisse faire passer par ce contrat au locataire ou
« fermier un droit de jouir ou d'user de la chose qu'on
« n'a pas soi-même, mais, etc. » Or, rien ne prouve que
le Code civil ait entendu innover à cet égard ; au
contraire, les art. 1726 et 1727 supposent que le
preneur pourra se trouver évincé par le propriétaire réel.

Quant au bail passé par l'acheteur à réméré, il
est valable pourvu qu'il ait été fait sans fraude
(a. 1673), c'est-à-dire s'il a été consenti pour moins
de neuf années et moins de trois ans avant l'expiration du bail. Nous déciderons de même, par analogie, pour le bail d'une terre dont la propriété est
soumise à une condition résolutoire expresse ou
tacite, que ce bail est entièrement obligatoire jusqu'à
l'événement de la condition, mais qu'après cet événement il n'est valable qu'autant qu'il a été fait
sans fraude et dans le sens que nous venons de donner à cette expression.

A côté des biens qui appartiennent aux particuliers, il y a en d'autres qui appartiennent à des
collections d'individus, à des personnes civiles
comme l'État, les communes, les hospices et autres
établissements publics. Ces biens sont soumis à des
lois spéciales qui ont déterminé quelles personnes
doivent en consentir le bail.

En vertu des lois des 12 septembres 1701 et
27 pluviôse an VIII, les baux des biens nationaux

se font aux enchères, à la poursuite du receveur de la régie et des domaines, devant le sous-préfet de l'arrondissement, après des publications et des affiches faites un mois d'avance.

C'est de même, après une publicité suffisante et par voie d'adjudication que le maire, sous la surveillance du sous-préfet et du préfet passe les baux des biens appartenant aux communes.

Enfin, les baux à ferme des hospices et autres établissements publics sont passés aux enchères, après affiches et publications devant un notaire désigné par le préfet, dont l'approbation devra valider l'adjudication.

Remarquons en terminant, qu'à moins d'une autorisation spéciale du gouvernement, ces baux ne peuvent jamais dépasser 18 années; jusqu'en 1835 ils ne pouvaient même excéder neuf ans.

Dans tous les cas que nous venons de parcourir, c'est toujours aux enchères que doit avoir lieu la passation des baux. Le législateur a compris que si le soin de choisir un fermier eût été laissé au préposé de la régie, au maire ou au directeur des hospices, les intérêts de l'administration eussent pu souvent être sacrifiés à ceux de l'administrateur.

SECTION II.

De la preuve du bail.

Dès l'instant où les parties sont d'accord sur l'objet du louage et sur le prix de location, le contrat existe. Mais il n'est opposable aux tiers qu'autant que l'acte qui le constate est authentique, ou qu'étant sous seing privé il a acquis date certaine conformément à l'art. 1328.

De plus, une loi nouvelle, la loi du 23 mars 1855 soumet à la nécessité de la transcription les baux de plus de 18 années (art. 1er, 4°) et l'art. 3 déclare qu'ils ne pourront être opposés aux tiers pour une durée plus longue, si cette formalité n'a pas été remplie.

Dans le droit commun, la preuve testimoniale est admise quand il s'agit d'un intérêt moindre de 150 fr. (art 1341). Mais en ce qui concerne le louage des maisons et des biens ruraux, il en est autrement; aux termes de l'art. 1715, quelque minime que soit l'intérêt en jeu, et fût-il inférieur à 150 fr., le bail fait sans écrit qui n'a reçu aucune exécution, ne peut être prouvé par témoins contre la partie qui le nie.

Cette disposition a été introduite dans le Code, pour éviter des contestations dispendieuses sur des objets de peu de valeur et dans une matière où tout est urgent. L'allégation que des arrhes ont été données ne rend pas la preuve testimoniale admissible. L'autoriser sous ce prétexte, c'eût été admettre une exception qui aurait détruit la règle, qui du moins en aurait singulièrement restreint l'application, et dont la mauvaise foi aurait pu s'emparer.

Les derniers mots de l'art. 1715 : « Le serment

peut seulement être déféré à celui qui nie le bail,» ont fait naître une difficulté. La loi, en permettant la délation du serment, entend-elle ne laisser aux parties que ce moyen de preuve, ou ne faut-il pas considérer comme se trouvant sur la même ligne, la faculté de faire interroger l'adversaire sur faits et articles ? C'est à cette dernière opinion que nous pensons devoir nous ranger. C'est, croyons-nous, abuser singulièrement des mots, que de donner pour base unique au système contraire la disposition finale de l'art. 1715 : le serment peut seulement être déféré à celui qui nie le bail. N'est-il pas évident que le mot *seulement* est employé par opposition à ces mots du § 1 : la preuve ne peut être reçue par témoin ? L'interrogatoire sur faits et articles n'est ni plus compliqué, ni plus dispendieux, ni plus dangereux que le serment. Comment hésiter d'ailleurs, en présence de l'art. 324 C. pr. Les parties peuvent *en toutes matières* et en tout état de cause, demander de se faire interroger sur faits et articles.

Au contraire nous ne pouvons permettre à celui qui allègue l'existence du bail de la prouver par témoins, quand bien même il ferait valoir un commencement de preuve écrite. L'article 1715 proscrit la preuve par témoins d'une manière absolue, sans distinguer s'il existe ou non un commencement de preuve par écrit. En outre, c'est l'esprit du Code de mettre toujours sur la même ligne la preuve

testimoniale jusqu'à 150 fr., et la preuve testimoniale avec un commencement de preuve par écrit,
lorsqu'il s'agit d'une somme supérieure (conf.
les art. 1341 et 1347). Enfin, le système contraire
conduit à ce singulier résultat qu'en vertu de l'art.
1715 on ne pourrait prouver par témoins un loyer
de 30 francs, tandis qu'on pourrait, en vertu de
l'art. 1347, prouver par témoins un bail de 5000 fr.
si l'on avait le moindre commencement de preuve
par écrit.

Nous avons jusqu'ici raisonné dans l'hypothèse où
le bail verbal n'a pas encore reçu un commencement
d'exécution. Dans l'hypothèse contraire (ou si en
dehors de toute exécution le bail est reconnu ou
avoué), de sorte qu'il n'y ait contestation que sur
les conditions de ce bail et non sur son existence,
la loi même dans ce cas n'autorise pas toujours la
preuve testimoniale. S'il s'agit de la durée du bail,
la loi la fixe elle-même dans les art. 1736 et 1774,
en se reportant à l'usage des lieux pour les baux des
maisons, et pour les biens ruraux, au temps nécessaire au fermier pour recueillir tous les fruits de
l'héritage.

S'il s'agit de la quotité du prix, on se reportera
aux quittances; à leur défaut, le propriétaire sera
cru sur son serment, à moins que le locataire ne
préfère s'en rapporter à une expertise; mais alors
c'est lui qui devra être condamné aux frais si l'es

timation excède le prix qu'il a déclaré (art. 1716).
Cette disposition est extrêmement rigoureuse ; il
serait beaucoup plus juste de mettre les frais à la
charge du propriétaire quand l'estimation, bien que
supérieure au prix déclaré par le locataire, s'en rap-
procherait cependant plus que de celui déclaré par le
propriétaire. Que si enfin, il s'agit d'autres dispositions qui ne soient réglées dans le Code ni par une
disposition spéciale, ni par un renvoi à l'usage des
lieux, comme alors on est en dehors de nos art. 1715
et 1716, on rentre dans le droit commun, et le té-
moignage doit dès lors être admis s'il ne s'agit pas
de plus de 150 fr.; ou si, au-dessus de ce chiffre, il
y a commencement de preuve par écrit.

Mais que déciderons-nous si l'exécution est affir-
mée par l'une des parties et déniée par l'autre ?
celle qui allègue des actes d'exécution sera-t-elle
admise à les prouver par témoins ? Des auteurs re-
commandables ont soutenu l'affirmative et il faut
reconnaître que l'art. 1715 leur fournit un argument
à contrario. Cependant l'opinion contraire nous paraît mieux fondée et surtout plus conforme à l'esprit
de la loi, en cette matière. En comparant avec attention les art. 1715 et 1716, on voit que la loi ne
parle dans ces articles que d'une exécution avouée,
reconnue par toutes les parties. Quand en face d'une
partie prétendant qu'il y a eu exécution d'un bail
l'autre soutient le contraire, on ne peut pas dire

que pour la loi ni pour le juge, il y ait une *exécution du bail*, il y a seulement une *allégation d'exécution*, avancée par l'une et repoussée par l'autre.
En outre, la loi dans l'art. 1716, supposant un bail
verbal dont l'existence est avouée et dont le prix
seulement est contesté, défend même d'établir ce
prix par la preuve testimoniale. Comment, dès lors,
admettre sans l'accuser d'inconséquence, que le législateur ait permis pour l'existence même du bail une
preuve qu'il proscrit pour une simple condition:

Maintenant que l'existence du bail est reconnue,
examinons les conséquences qui en résultent et les
obligations respectives du bailleur et du fermier.

CHAPITRE II.

SECTION PREMIÈRE.

Des obligations du bailleur.

L'art. 1719 énumère les trois principales obligations du bailleur. Il doit : 1° délivrer au preneur la
chose louée; 2° entretenir cette chose en état de
servir à l'usage pour lequel elle a été louée ; 3° faire
jouir paisiblement le preneur pendant la durée du
bail. Nous en ajouterons une quatrième, l'obligation
de payer l'impôt foncier.

Le bailleur doit, tout d'abord, délivrer la chose.
C'est une obligation qui n'est pas seulement de la

nature du contrat, comme pourrait le faire croire le texte de l'art. 1710, mais de son essence même; car il est évident qu'il n'y a pas de louage possible, sans délivrance de la chose louée. Et non-seulement le bailleur doit livrer la chose, mais il doit la livrer avec tous ses accessoires, et tenir le tout en bon état : seulement, ces deux derniers points ne sont plus que de la nature du contrat, non de son essence, car on peut très-bien convenir que le preneur ne jouira pas de tels ou tels accessoires dépendant précédemment de la chose, ou encore qu'il prendra la chose en l'état où elle est, quoique cet état laisse à désirer. Remarquons, au reste, qu'il faut pour cela une convention spéciale ; car dans le silence des parties, le preneur a droit aux accessoires de la chose et peut exiger que tout soit en bon état, lors de son entrée en jouissance.

Le bailleur doit délivrer les accessoires, c'est-à-dire tous les objets et tous les droits qui se rattachant à la ferme, contribuent directement ou indirectement à son exploitation. C'est ainsi qu'on doit comprendre comme accessoires les engrais, les pailles, les cuves, les abreuvoirs, les servitudes et autres droits dont jouissait le propriétaire pour l'exploitation de son fonds, droits de puisage, de passage, etc.

Mais faut-il ranger parmi les accessoires de la ferme, les droits de chasse et de pêche, et, dans le silence du bail, les accorder au fermier? Après la

définition que nous venons de donner des accessoires, la solution de cette question ne peut guère nous
embarrasser. La chasse n'est en effet qu'un moyen
de distraction (*oblectamentum*) et nullement, du
moins en général, un produit; elle n'a directement
ni indirectement aucune utilité pour l'exploitation
de la ferme; elle ne peut donc pas être considérée
comme un de ses accessoires. Le gibier qu'elle
procure n'est pas non plus un fruit du fonds, comme le disait fort bien la loi romaine (L. 26 Dig. *de
usuris*). Dès lors, si la chasse n'est ni un accessoire
de la ferme, ni un fruit du fonds, à quel titre se
trouverait-elle comprise dans le bail ! Sans doute en
vertu de la loi de 1790, le fermier a le droit de détruire les animaux nuisibles, mais ce n'est pas là
le droit de chasse. Ces deux droits sont si différents
que la loi de 1790 interdit l'un pour *un certain
temps de l'année* (art. 1er), tandis qu'elle déclare
que l'autre peut s'exercer *en tout temps* (art. 15).

Les textes, d'ailleurs, sont formels en faveur de
notre opinion. Les art. 1, 13, 14 de la loi de 1790,
relatifs au droit de chasse, ne parlent que des *propriétaires* ou *possesseurs* ; or, le fermier n'a pas
cette qualité. Enfin, l'art. 15 parlant du droit de
destruction des animaux nuisibles déclare permis
en tout temps, et dans toutes les récoltes closes ou
non closes, de détruire le gibier nuisible, aux propriétaires et possesseurs *et même au fermier*. Aussi

tandis que ce dernier droit appartient cumulativement au propriétaire, au possesseur *et même* au fermier, le droit de chasse n'est accordé qu'à ceuxlà, à l'exclusion de celui-ci.

Ce que nous venons de dire de la chasse s'applique également à la pêche, à moins que la chasse ou la pêche ne forment un véritable revenu, *nisi fructus ex venatione constet* (Loi précitée).

Le bailleur doit faire la délivrance au terme convenu. Faute par lui de remplir son obligation, le fermier peut s'en faire mettre en possession *manu militari*, ou bien, s'il le préfère, demander la résiliation du bail avec dommages-intérêts, s'il y a lieu. De même, si dans l'intervalle de temps qui s'est écoulé entre le contrat et la délivrance, la ferme a été détruite en partie, le fermier pourra, selon l'importance de la perte, demander ou la résiliation du bail, ou une diminution dans le prix du fermage. Mais le bailleur ne lui devra pas de dommages-intérêts, si c'est une force majeure, la foudre par exemple, qui a causé la destruction partielle de la ferme.

Si des obstacles étaient opposés par des tiers à la mise en possession, même par simple voie de fait et sans prétendre aucun droit sur le fonds, ce serait au bailleur à les faire cesser. L'art. 1725 qui ne rend pas le bailleur garant des troubles de cette espèce, lorsque le preneur les éprouve pendant la jouissance, n'est pas applicable à notre hypothèse) en effet, le bailleur est tenu de délivrer la chose au preneur et cette obligation implique nécessairement celle de faire lever les obstacles, de quelque nature qu'ils soient, qui s'opposent à la mise en possession. Mais une fois la délivrance opérée, c'est au preneur qu'incombe naturellement la charge de défendre sa possession contre les troubles de faits qui peuvent survenir.

Le bailleur doit délivrer la ferme en totalité, et par conséquent, garantir la mesure indiquée au contrat; mais s'il doit une remise proportionnelle du prix, lorsqu'il se rencontre un déficit, en sens inverse, il a droit à une augmentation des fermages, lorsqu'il se trouve un excédant.

Pour fixer cette remise ou cette augmentation proportionnelle du prix, la loi renvoie aux règles exprimées au titre de la vente, dans les art. 1617 à 1623. Il faut distinguer si la ferme a été louée à raison de tant la mesure, ou bien si le bail a été fait en bloc, avec un prix unique pour toute la ferme.

Au premier cas, en fixant le prix particulier de chaque mesure, ou en fractionnant le prix total en autant de parties égales qu'il y a de mesures déclarées, les parties ont montré qu'elles attachaient une grande importance à l'exactitude des mesures. Aussi tout déficit ou tout excédant de contenance donne-t-il lieu à une diminution ou à une augmenlation proportionnelle du prix. Cependant, il serait injuste de forcer le preneur à prendre une ferme trop considérable pour ses moyens ; c'est pourquoi, la loi l'autorise à choisir entre le maintien du contrat avec augmentation de prix ou la résolution, toutes les fois que l'excédant de mesure est d'un vingtième de la contenance déclarée. Mais s'il existe un déficit d'un vingtième, l'acheteur ne peut, en principe, se départir du contrat, la loi ne lui donne pas ce droit; il est donc, en général, obligé de conserver la ferme, avec diminution de prix. Toutefois, s'il était démontré que l'absence de la mesure qui manque empêche le fermier d'atteindre le but qu'il se proposait en louant, l'équité exigerait qu'il pût se départir du contrat et la majorité des auteurs lui accorde en effet ce droit.

Au contraire, la ferme a-t-elle été louée en bloc, les parties semblent n'avoir attaché qu'une faible importance à la contenance déclarée, puisque le prix a été stipulé sans établir aucune relation, entre chaque mesure et chaque portion de prix. En conséquence, la loi décide qu'il n'y aura lieu à diminution ou à augmentation du prix, que dans le cas où la différence entre la contenance réelle et la contenance déclarée produirait, eu égard au prix total de la ferme, une différence de valeur de un vingtième, au moins.

Lorsque la ferme louée comprend plusieurs espèces d'immeubles, avec prix en bloc et désignation de la contenance de chacun, et qu'il se trouve moins dans l'un et plus dans l'autre, on fait compensation entre la valeur de l'excédant et celle du déficit, de telle sorte qu'il n'y a lieu à supplément ou à diminution de prix qu'autant qu'il reste après cette compensation, une différence d'un vingtième au moins.

Au reste, il est bien entendu que ces règles peuvent être modifiées par la convention des parties ; et c'est, en effet, ce qui a lieu le plus souvent dans la pratique, a fin d'éviter des difficultés et les recours fâcheux qui en résultent.

Quant à l'action en supplément de prix de la part du bailleur, et celle en diminution de prix ou en résiliation du contrat de la part du fermier, il est clair qu'elles doivent être, à peine de déchéance, intentées dans l'année du contrat, conformément à l'art. 1622. Cela est évident, puisque l'art. 1765 renvoie aux règles du titre de la vente.

Le bailleur, avons-nous dit, est tenu de délivrer la ferme en bon état. Comme conséquence de cette obligation, il doit garantir le fermier contre les vices ou défauts antérieurs au bail.

Si donc, dans le cours du bail, il se révèle des défauts qui rendent le fonds impropre à l'usage qu'en attendait le fermier, si par exemple il découvre que la prairie qu'il a prise à bail est remplie d'herbes vénéneuses qui font périr les bestiaux, ces défauts permettront au preneur de demander la résiliation du bail et de se soustraire au paiement du prix. Toutefois, la résiliation ne serait pas possible, si les défauts de la chose avaient été connus du preneur ; c'est alors un désagrément qu'il a bien voulu subir et qui a sans doute été pris en considération dans la fixation du prix de ferme.

Obligé de procurer à son fermier toute la jouissance de la chose, le bailleur est garant envers lui de ces vices ou défauts, qu'il les ait ou non connus lors du contrat.

Mais le bailleur qui ignorait les vices de la chose est-il passible de dommages-intérêts? M. Delvincourt a soutenu l'affirmative, en se fondant sur ce que le texte de l'art. 1721 ne distingue pas, et que cette absence de distinction est d'autant plus significative que la loi vient précisément de parler du cas où le bailleur n'aurait pas connu les défauts.

Nous ne pouvons partager cette opinion sans nous attacher au texte de l'art. 1721 qui peut fournir un argument dans les deux systèmes, nous chercherons dans les principes de la responsabilité un élément de décision. Aux termes de l'art. 1382, la personne qui cause à autrui un préjudice n'est tenue de le réparer qu'autant qu'il y a eu faute de sa part. Et la loi fait elle-même l'application de ce principe à la vente dans l'art. 1646. L'analogie qui existe entre les deux contrats nous autorise à étendre cette solution à la matière qui nous occupé, d'autant plus qu'elle a pour elle l'autorité du droit romain (L. 19, § 1. Dig. *loc.*) et de l'ancienne jurisprudence (Pothier n° 116). Il est un cas cependant, où le bailleur devrait être condamné à des dommages-intérêts en raison des vices de là chose, quoiqu'il les ait ignorés, c'est quand par sa position, il était obligé de les connaître. Si par exemple, dans l'espèce ci-dessus, je vous ai donné à bail la terre que je cultivais moi-même, je serai en faute pour n'avoir pas connu le vice des herbages et par conséquent, passible de dommages-intérêts.

Nous avons terminé ce qui concerne la délivrance; nous allons examiner, maintenant, la deuxième obligation du bailleur, l'obligation d'entretenir la chose pendant toute la durée du bail, en état de servir à l'usage pour lequel elle a été louée.

Remarquons d'abord, que cette deuxième obligation n'a pas une portée aussi large que la première et l'art. 1720 : « Le bailleur est tenu de délivrer la chose, *en bon état de réparations de toute espèce.* — Il doit y faire pendant la durée du bail toutes les réparations qui peuvent devenir nécessaires, *autres que les locatives* » indique clairement là différence d'étendue qui existe entre les deux. Lors de l'entrée en jouissance du preneur, le bailleur doit lui livrer la chose *en bon état*, à tous égards, et par conséquent dans des conditions satisfaisantes pour les réparations *de toute espèce* (alin. 1); au contraire, pendant la durée du bail, et pour ce qui est de l'entretien, ce même bailleur ne doit plus que les réparations autres que les locatives (alin. 2), et ces dernières, loin de pouvoir être demandées au bailleur, sont précisément à la charge du preneur qui devra plus tard, en sortant, rendre les lieux en bon état de réparations de cette espèce, à moins qu'il ne prouve les avoir lui-même reçus en mauvais état (1730, 1731).

Mais quelles réparations sont locatives et mises par conséquent, à la charge du fermier; quelles autres sortent de cette classe et font l'objet de la deuxième obligation du bailleur? On distingue, dans la doctrine les grosses réparations et les réparations d'entretien, et celles-ci se subdivisent en réparations de gros entretien et réparations de menu entretien. Ces dernières seules sont locatives; celles des deux premières classes sont à la charge du bailleur. Du reste, la ligne de démarcation ne pouvant être tracée par une règle générale, le code, au lieu de se jeter dans une nomenclature impossible, s'en réfère à cet égard à l'usage des lieux, en donnant seulement des exemples (a. 1754). Dans notre matière, nous considérerons comme locatives les réparations à faire aux rateliers et auges des bestiaux, le récrépiment du mur des étables et autres bâtiments de la ferme.

Dans le cas où le propriétaire se refuserait à faire les réparations que la loi met à sa charge, le fermier peut en faire constater, en justice, la nécessité et même, se faire autoriser à les faire à ses frais, si dans un certain délai elles ne sont pas commencées par le bailleur ; sauf à retenir, ensuite, le montant de ses dépenses sur les loyers qu'il peut devoir. Et même, si le fermier se trouvait dans l'impossibilité de faire l'avance de ces frais et que sa jouissance se trouvât ainsi compromise, le tribunal pourrait prononcer, sur sa demande, la résiliation du bail.

En sens inverse, le preneur est-il tenu de subir l'incommodité des réparations qu'il plaît à son propriétaire de faire? La réponse à cette question est dans l'art. 1724 : « Si durant le bail la chose louée a besoin de réparations urgentes et qui ne puissent être différées jusqu'à sa fin, le preneur doit les souffrir quelque incommodité qu'elles lui causent, et quoiqu'il soit privé pendant qu'elles se font d'une partie de la chose louée. » La loi fait une distinction. Si les réparations ne sont pas urgentes, le preneur qui a le droit de les exiger n'est pas tenu de les subir. Sont elles-urgentes, au contraire (et elles ont ce caractère quand elles ne sauraient être différées jusqu'à la fin du bail), le preneur est obligé de les supporter sans indemnité, pourvu qu'elles ne durent pas trop longtemps. Si elles dépassent quarante jours, le preneur a droit à une diminution proportionnelle du prix.

M. Troplong enseigne qu'il ne faut pas faire entrer dans le calcul de la diminution, les quarante jours de grâce que la loi accorde au bailleur. Mais son opinion n'est pas admissible, en présence des termes de l'art. 1724 : « le prix du bail sera diminué *à proportion du temps* et de la partie de la chose louée dont il aura été *privé*. « Evidemment, si les travaux ont duré cinquante jours, ce n'est pas pendant dix jours, mais pendant cinquante que le locataire aura été privé de sa chose. L'erreur de M. Troplong est d'autant plus étrange qu'il nous apprend lui-même (n° 249) que le tempérament de l'art. 1724 a été emprunté par les rédacteurs du Code à l'ancienne jurisprudence du Châtelet, d'après laquelle le locataire était déchargé du loyer (si les travaux avaient duré plus de six semaines) *pour le temps qu'il avait été privé de la jouissance,* et non pas seulement pour les six semaines de grâce. (Denisard, v° *Bail*).

Encore que les réparations aient duré moins de quarante jours, le preneur peut demander la résiliation du bail, si elles occasionnent non pas une simple incommodité mais une privation absolue de jouissance.

Nous voici arrivé à la troisième obligation du bailleur qui consiste à faire jouir paisiblement le fermier et à le garantir de tout trouble pendant la durée du bail. Le trouble peut provenir de différentes causes : 1° d'une force majeure ; 2° du fait du locateur lui-même ; 3° des prétentions élevées ou des actes exercés par les tiers. Nous allons examiner les obligations du bailleur dans ces différentes circonstances.

Nous avons vu, en droit romain, ce qu'il faut entendre par cas fortuit. Quand un de ces événements qui trompent la prévoyance humaine vient à frapper la chose louée, il faut distinguer si la chose a péri en totalité ou seulement en partie. La destruction est-elle complète, le bail prend nécessairement fin, puisqu'alors, il n'a plus d'objet. Les obligations réciproques des parties s'éteignent ; le preneur ne peut pas plus forcer le bailleur à la reconstruction de la ferme, que celui-ci ne pourrait, en en relevant les murailles, l'obliger à la continuation du bail. Ce bail finit absolument et sans indemnité, comme si le temps pour lequel il avait été convenu, était expiré. La destruction n'est-elle que partielle, le locataire a le choix ou de résilier purement et simplement ou de demeurer locataire de la partie qui subsiste en se faisant consentir une diminution proportionnelle du prix de loyer ; toujours sans indemnité, dans l'une comme dans l'autre hypothèse, car le cas fortuit exclut toute idée d'une faute de la part du bailleur.

Si la ferme avait été simplement endommagée, si, par exemple, la toiture des granges avait été enlevée par un violent ouragan, le bailleur qui, nous l'avons vu, n'est pas obligé de reconstruire, pourrait être contraint de faire ces réparations, en vertu l'art. 1720.

Si le fermier peut demander la résiliation du bail, quand des événements de force majeure viennent troubler sa jouissance, à plus forte raison doit-il avoir ce droit, lorsque le trouble vient du bailleur lui-même. Celui-ci doit laisser les lieux dans l'état où ils étaient quand il les a loués ; il ne peut, sous aucun prétexte, changer la forme de la chose, sans le consentement du preneur. C'est en vain qu'il alléguerait que le fermier n'en souffrira pas ; celui-ci doit être seul juge de l'utilité de ces changements et peut toujours s'y opposer.

Pothier pensait, cependant, que si la modification ne portait que sur une partie peu considérable de la chose et que le propriétaire eût un intérêt réel, il pourrait opérer cette modification, en indemnisant le fermier. Nous ne pouvons pas admettre ce tempérament qui favoriserait une des parties aux dépens de l'autre : quelque respectables que soient les droits du propriétaire, ceux du fermier ne le sont pas moins et méritent une égale protection.

Le bailleur doit, enfin, garantir le fermier contre les troubles que les tiers peuvent apporter à sa jouissance. On distingue les troubles de fait et les troubles de droit.

Le trouble de fait est celui qui résulte de simples voies de fait d'un tiers, sans prétention par lui soulevée d'aucun droit sur la chose. Le trouble de droit est celui qui a pour cause la prétention d'un droit sur la chose, et qui se traduit par une action en justice, qu'il soit ou non accompagné de voies de fait. Cette distinction est importante, car le bailleur n'est pas responsable des troubles de fait ; ils restent à la charge du fermier. Ainsi, que des voleurs vendangent les vignes ou enlèvent les récoltes ; que les fermiers voisins fassent paître leurs troupeaux sur les prairies de la ferme, le fermier n'a aucun recours contre le bailleur. C'est à lui d'exercer une active surveillance pour prévenir tous actes nuisibles des tiers ; c'est à lui d'en poursuivre la réparation, quand il n'a pu les empêcher. C'est là une affaire entre le fermier et les tiers et c'est avec raison que le conseil d'Etat (Fenet, xiv, p. 222, 248, 240) a rejeté de l'art. 1725 une disposition finale qui, dans le projet, permettait au preneur conformément à la doctrine de Pothier (n° 81), de recourir contre le bailleur, quand son action contre les tiers était inefficace.

Si nous supposons, au contraire, qu'il y a trouble de droit, avec ou sans voie de fait, que le fermier est troublé dans sa jouissance par un tiers qui revendique un droit réel sur la ferme, c'est alors au bailleur à lutter contre ce tiers, à défendre son fermier.

Si le revendiquant intente directement son action contre le preneur, celui-ci peut choisir entre deux partis : ou rester en cause en appelant son bailleur en garantie ; ou faire prononcer sa mise hors de cause, en faisant connaître au demandeur son véritable adversaire, c'est-à-dire le bailleur pour lequel il possède. Pothier, (n° 91) n'admettait que ce dernier parti ; mais l'art. 1727 autorise l'un et l'autre ; et le locataire, en effet, peut avoir intérêt à rester dans l'instance.

Mais si le tiers, pour avoir le rôle plus avantageux de défendeur, a dépossédé de fait le locataire, celui-ci n'a pas qualité pour agir contre lui, même au possessoire ; car il n'a aucun droit de possession : c'est le bailleur qui possède par lui, et il ne peut que dénoncer le trouble à celui-ci pour qu'il le fasse cesser et qu'il l'indemnise.

L'art. 1726 semble n'accorder au fermier, ainsi troublé dans sa jouissance, qu'une action « en diminution proportionnelle de prix. » Mais tous les auteurs reconnaissent qu'il faut appliquer ici les principes de la garantie en matière de vente; d'après ces principes, le fermier doit être indemnisé, en dehors de sa remise, du dommage qu'il éprouve et du gain dont il est privé.

Au reste, pour que le preneur ait droit à l'indemnité, il faut qu'il ait eu soin de dénoncer le trouble au bailleur, puisque le défaut de dénonciation serait de sa part un manquement à une obligation que la loi lui impose (art. 1768), manquement qui, loin de lui permettre de demander des dommages-intérêts, le soumettrait lui-même à en payer.

Les art. 1726 et 1727 sont applicables non seulement lorsque c'est la propriété même qui est contestée, mais aussi dans le cas où c'est un droit d'usufruit, d'usage ou d'habitation que le tiers revendique. L'exercice même d'une simple servitude par un voisin pourrait donner au preneur le droit de réclamer une indemnité, pourvu, bien entendu, que cette servitude ne fût pas apparente et ne lui eût pas été déclarée lors du contrat.

D'après l'art. 10 du titre III de la loi du 24 août 1790, les actions relatives aux indemnités prétendues par les fermiers pour non jouissance, sont de la compétence des juges de paix, à quelque somme que s'élève le montant de la demande, quand le droit à l'indemnité n'est pas contesté. La loi du 25 mai 1838 leur en attribue la connaissance sans appel jusqu'à la valeur de 100 fr., et à charge d'appel jusqu'au taux de la compétence en dernier ressort des tribunaux de première instance (art. 4). Dans le cas même où le droit à l'indemnité est contesté, le juge de paix est compétent pour connaître de la contestation dans les limites ordinaires de ses attributions, c'est-à-dire jusqu'à concurrence de 100 fr. en dernier ressort, et de 200 fr. à charge d'appel, en vertu de l'art. 1er de la même loi, qui le décide ainsi pour les actions purement personnelles et mobilières.

Il ne nous reste plus, pour avoir terminé ce qui concerne les obligations du bailleur, qu'à dire quelques mots de l'obligation qui lui est imposée de payer l'impôt foncier. Cette obligation découle naturellement de celle de faire jouir le preneur, car cette jouissance serait impossible si l'impôt foncier n'était pas payé; mais c'est le fermier qui, aux termes de l'art. 147 de la loi du 3 frimaire an VII, doit en faire le versement; seulement, il retire une quittance que le propriétaire est ensuite tenu de recevoir en compte.

Remarquons, en outre, que, dans la pratique, les propriétaires ont soin d'insérer parmi les clauses du bail que l'impôt foncier sera à la charge du fermier.

Après avoir parcouru les obligations du bailleur, il semblerait naturel de parler des droits que la loi lui accorde; mais comme ces droits sont surtout destinés à garantir l'exécution des obligations du fermier, il nous paraît plus logique d'exposer d'abord ces obligations. Ce sera l'objet de la section suivante.

SECTION II.

Des obligations du fermier.

L'art. 1728 cite les deux principales obligations du preneur, celle d'user de la chose, en bon père de famille, et suivant sa destination; celle de payer le prix aux termes convenus. Nous en ajouterons deux autres : le paiement de l'impôt des portes et fenêtres et la restitution de la chose, à l'expiration du bail.

Le fermier doit d'abord user de la chose en bon père de famille et suivant sa destination. Il y a là deux obligations distinctes, qu'il importe de ne pas confondre : la violation de l'une ou de l'autre expose le fermier à la résiliation du bail avec dommages-intérêts.

1° Le fermier doit jouir en bon père de famille. Cette obligation est générale et en embrasse beaucoup d'autres. Ainsi, le fermier doit façonner les terres en temps convenable, veiller à la conservation des bâtiments, au maintien des limites, avertir le propriétaire des usurpations commises sur son fonds.

Il doit aussi, aux termes de l'art. 1766, garnir la ferme des bestiaux et des ustensiles nécessaires à son exploitation. Cette obligation, dit Pothier (n° 204), naît de la nature même du bail ; car étant obligé de jouir de la métairie en bon père de famille et de la cultiver, il s'en suit qu'il (le fermier) doit avoir tout ce qui est nécessaire pour la cultiver.»

Le but direct et principal de cette obligation n'est donc pas, de donner au propriétaire un gage pour ses loyers. A la vérité, le propriétaire a droit d'exercer son privilége sur le mobilier qui garnit la ferme et sert à l'exploitation (art. 2102 1°); mais il ne fait que profiter accessoirement d'une garantie donnée, en premier ordre, à la culture des terres.

Tirons-en cette conséquence, que le fermier remplit pleinement son obligation lorsque les bestiaux et les instruments aratoires, bien qu'insuffisants pour répondre des loyers, sont, cependant, en rapport avec les besoins de l'exploitation.

Au reste, bien qu'écrite dans la loi, cette obligation n'en doit pas moins s'effacer devant l'usage des lieux ; car dans bien des pays, surtout dans ceux de petite culture, les bestiaux et les ustensiles aratoires sont le plus souvent fournis par le propriétaire.

Le fermier est, aussi, tenu d'engranger dans les lieux à ce destinés, d'après le bail ou d'après l'usage. Cette obligation, à la différence de la précédente, est imposée précisément pour que les fruits restent affectés au privilége du bailleur. S'ils étaient engrangés dans des bâtiments appartenant à un autre propriétaire, celui-ci aurait son privilége sur les fruits pour le prix de sa location et primerait le bailleur de la ferme.

2° Le fermier doit user de la ferme, suivant sa destination. Ainsi, il ne pourrait pas convertir un bois ou une vigne en terre labourable, ni réciproquement, à moins que, dans le bail, il ne se fût réservé cette faculté. Il ne pourrait pas non plus divertir de la ferme les pailles, fumiers et fourrages, parce que, « selon l'usage consacré, dit Coquille, les pailles et fourrages sont destinés pour faire valoir le domaine. » Toutefois il ne faudrait pas appliquer trop rigoureusement cette obligation du fermier, car bien souvent, l'usage des lieux ou l'excédant des fourrages sur les besoins des bestiaux, l'autorisera à en vendre une partie.

Cette obligation générale de conserver à la chose sa destination ne doit pas non plus s'entendre avec trop de rigueur. Si, par exemple, un fermier substituait à un mode déjà vieilli d'exploitation, une culture intelligente et plus productive, le propriétaire dont la terre gagnerait à ces innovations aurait mauvaise grâce à se plaindre.

Bien entendu, encore, que cette obligation n'empêche pas le fermier de changer la distribution de son logement, pourvu que les travaux qu'il exécute ne compromettent pas la solidité des bâtiments et qu'à la fin du bail, il remette les lieux dans l'état

où il les a trouvés lors de son entrée en jouissance :
Non sunt res amarè tractandæ.

Passons à l'obligation du fermier de payer le prix. De toutes ses obligations, c'est assurément la plus importante, car c'est toujours en vue du prix qu'il en doit retirer que le propriétaire se détermine à donner sa chose à bail.

Si le contrat n'a fixé aucun terme pour le paiement, c'est aux époques déterminées par l'usage du pays que le preneur devra payer ses fermages : *in contractibus veniunt ea quæ sunt moris et consuetudinis.*

Quant au lieu où le paiement devra s'effectuer, ce sera toujours, si la convention garde le silence, celui du domicile du fermier ; car chez nous les créances sont quérables et non pas portables (art. 1247).

Outre le prix en argent, le fermier est souvent tenu à certaines redevances que la convention l'oblige à porter au domicile du propriétaire.

Si, pendant le voyage, ces denrées viennent à périr, même sans la faute du fermier, la perte en retombera sur lui ; car ces choses sont à ses risques et périls jusqu'au moment de la livraison.

Mais si le propriétaire venait à transférer son domicile dans une localité beaucoup plus éloignée, le fermier ne pourrait être obligé d'y transporter ses redevances. Ce serait au propriétaire à prendre des mesures pour les faire recevoir au lieu fixé par le contrat, si mieux il n'aimait s'arranger amiablement avec son fermier.

Quand une partie du prix a été ainsi stipulée payable en denrées, le propriétaire ne pourrait être contraint à recevoir le tout en argent, quand même les biens affermés n'auraient pas produit de denrées de cette espèce en quantité suffisante.

Si le bail autorise le fermier à se libérer en argent et qu'il ne contienne pas le mode d'estimation, prendra-t-on pour base la valeur moyenne des denrées, ou leur valeur dans l'année? Le fermage en argent devant être la représentation du fermage en nature, nous croyons que c'est la valeur des denrées dans l'année courante que l'on doit prendre pour base.

Souvent aussi, une clause du bail oblige le fermier à faire les voitures des matériaux nécessaires pour les réparations des bâtiments de la ferme.

Pothier (n° 205 et suivants) donne sur ce point des décisions extrêmement sages et qui doivent être encore suivies aujourd'hui. Le propriétaire devra choisir le temps le plus commode pour le fermier ; il ne pourrait pas, à moins de réparations très-urgentes, exiger que le fermier fît ces charrois au moment où il a besoin de tous ses chevaux pour rentrer les récoltes.

De même, si pendant le cours du bail, un incendie

avait dévoré une partie des bâtiments de la ferme, le fermier ne serait pas obligé,en vertu de la clause de charrois, à faire toutes les voitures nécessaires pour sa reconstruction, une telle obligation dépasserait la pensée commune des parties.

La troisième obligation du fermier est relative à la contribution des portes et fenêtres. Nous avons vu que l'impôt foncier est mis par la loi à la charge du propriétaire. Au contraire, c'est le fermier qui, d'après l'art. 12 de la loi du 4 frimaire an VII, doit supporter définitivement la contribution des portes et fenêtres. Aussi la loi du 19 avril 1831 lui en tenait compte pour la formation du cens électoral.

Nous avons parcouru jusqu'ici les obligations du fermier, pendant sa jouissance. A l'expiration du bail, naît pour lui une obligation nouvelle, celle de restituer la ferme dans l'état où il l'a reçue. La loi ne le décharge de cette obligation qu'à l'égard de ce qui a péri ou a été détérioré par vétusté ou force majeure. Mais qui prouvera l'état des lieux au moment du bail ? Qui prouvera ensuite que les pertes et dégradations n'ont eu lieu que par vétusté ou force majeure ?

La première question nous paraît facile à résoudre. D'abord, s'il a été fait un état des lieux, précisant bien la condition des choses, il n'y aura pas de difficulté. Dans le cas contraire, il faut distin-

guer entre les réparations locatives et les autres.
Pour ce qui est des réparations locatives, comme
le fermier savait en entrant que toutes celles qui
seraient à faire pendant le cours du bail resteraient
à sa charge (art. 1720), il a dû les exiger rigoureusement et il est présumé, dès lors, avoir reçu la
ferme en bon état (art. 1731). Ce serait donc à lui
de prouver le contraire; ce qu'il pourrait faire par
tous les moyens possibles, même par témoins, au-
dessus comme au-dessous de 150 francs. Quant aux
autres réparations, comme le fermier n'avait plus
ce motif impérieux de les exiger, la loi ne pose plus
pour elles la même présomption, et ce serait au
propriétaire de prouver qu'il a livré la ferme en
bon état.

Sur le deuxième point, comme le fermier est en
possession de la chose, chargé de la surveiller et
d'en prendre soin, il s'élève contre lui une présomption de faute. Dès lors, s'il prétend que la chose
a été détruite par cas fortuit, ou détériorée par
vétusté, c'est à lui d'en faire la preuve (art. 1732).

Le fermier est aussi tenu des dégradations et des
pertes qui arrivent par le fait des personnes de sa
maison (art. 1735). Les rédacteurs du Code ont
ici donné la préférence à la théorie de Pothier et
de l'ancienne jurisprudence sur celle des jurisconsultes romains, qui ne déclaraient le locataire responsable qu'autant qu'il avait commis la faute

de prendre chez lui, de mauvais serviteurs ou des hôtes négligents.

Les incendies sont causés le plus souvent par la négligence des locataires. La loi, afin de diminuer le nombre de ces sinistres si terribles, surtout dans les cités, a crû devoir stimuler la surveillance des locataires par des règles d'une rigueur exception-tionnelle.

« Le preneur répond de l'incendie, à moins qu'il ne prouve que l'incendie est arrivé par cas fortuit ou force majeure, ou par vice de construction, ou que le feu a été communiqué par une maison voi-sine. » Cet art. 1733, si rigoureux qu'il paraisse, n'est pourtant pas, dans sa disposition princi-pale, une exception au droit commun; il en est, au contraire, l'exacte application. En prouvant le con-trat de louage, le bailleur prouve son droit à la restitution de la chose; le preneur doit donc la res-tituer, à moins qu'il ne démontre qu'elle a péri par cas fortuit. Or, l'incendie n'est pas nécessairement et par lui-même un cas fortuit; car il est le plus sou-vent causé, nous l'avons dit, par l'incurie des per-sonnes qui habitent la maison. C'est donc au pre-neur à prouver que l'incendie résulte d'un fait qui ne lui est pas imputable. Jusque-là nous sommes dans le droit commun; mais l'art. 1733 s'en écarte en un point. Tout débiteur d'un corps certain, par exemple, un usufruitier, un vendeur, un créancier gagiste prouve sa libération en établissant que la chose a péri sans sa faute ; le preneur, au contraire, ne peut se justifier qu'en prouvant l'un de ces trois faits : 1° que l'incendie est arrivé par cas fortuit, 2° ou par vice de construction, 3° ou par communication d'une maison voisine. Il ne lui suffirait pas de prouver que le feu n'a pas pu prendre dans la maison, les moyens de justification sont limités. Cependant, cette limitation est repoussée par quelques jurisconsultes. Nous croyons, quant à nous, que ce que la loi exige ici ce n'est pas la preuve négative de l'absence de faute, mais la preuve positive de l'une des trois causes précisées dans l'art. 1733.

Au reste, la présomption légale établie par cet article n'étant que la conséquence de l'obligation pour le preneur de conserver et de restituer la chose, il est évident qu'elle ne pourrait s'appliquer entre personnes étrangères l'une à l'autre. Ainsi, quand un propriétaire voit sa maison dévorée par un incendie provenant de la maison voisine, il ne peut pas invoquer ni contre le propriétaire, ni contre les locataires de cette maison, le bénéfice de notre article, puisque ceux-ci n'étaient obligés à rien vis-à-vis de lui. Il ne pourrait obtenir d'eux la réparation du préjudice qu'il subit que par application des art. 1382 et 1383, c'est-à-dire en prouvant lui-même leur faute. De même, qu'un hôte de son locataire mette le feu à sa maison, il ne pourra se faire indemniser par lui qu'en prouvant qu'il y a eu faute de sa part, puisque cet hôte n'est nullement soumis à l'obligation de restituer la chose. Au contraire, il pourra invoquer contre son locataire le bénéfice de l'art. 1733, puisque celui-ci répond des personnes qu'il reçoit chez lui comme de lui-même.

Les différentes questions que soulève le cas d'incendie, se rattachant bien plus au bail à loyer qu'au bail à ferme, nous nous abstiendrons d'entrer dans de plus amples détails.

Pour terminer ce qui concerne les obligations du fermier, nous dirons quelques mots des obligations respectives que fait naître entre deux fermiers la transition d'un bail à un autre.

Cette transition nécessite, pendant plusieurs mois, une sorte de jouissance commune entre les deux fermiers, car tous deux ont besoin d'être sur les lieux : celui qui sort, pour rentrer sa dernière récolte ; celui qui entre, pour surveiller les premiers travaux de son exploitation. Cette communauté temporaire amène souvent des difficultés, d'autant plus que le fermier sortant voit presque toujours d'un œil jaloux celui qui lui succède dans l'exploitation. Il fallait concilier les intérêts de l'un avec les besoins de l'autre ; mais la loi ne pouvait prévoir d'une manière complète toutes les circonstances de cette transition qui dépendent

d'une foule de conditions et d'accidents locaux.
Elle renvoie donc à l'usage des lieux, se bornnant
à la règle suivante dont la rédaction, par une sorte
de vague affecté, se plie à tous les cas : Art. 1777.
« Le fermier sortant doit laisser à celui qui lui succède dans la culture les logements convenables et
autres facilités pour les travaux de l'année suivante;
et réciproquement, le fermier entrant doit procurer
à celui qui sort les logements convenables et autres
facilités pour la consommation des fourrages et pour
les récoltes restant à faire. »

La loi oblige, en outre, le fermier sortant à laisser les pailles et engrais de l'année, qu'il les ait ou
non reçus lors de son entrée en jouissance. S'il les
a reçus, c'est une conséquence naturelle de son
obligation de rendre la ferme dans l'état où il l'a
trouvée. Dans le cas contraire, il devrait pouvoir
enlever ces pailles et engrais qui lui appartiennent
comme faisant partie de la récolte. C'est donc une
véritable expropriation qu'il subit; mais l'intérêt
de l'agriculture exigeait qu'il en fût ainsi. Le fermier, d'ailleurs, n'a pas à se plaindre, puisque la
valeur de ces produits lui est payée et qu'il est sûr
de trouver sur sa nouvelle ferme les pailles et fumiers qui la garnissent.

Après avoir étudié successivement les obligations
réciproques du bailleur et du fermier, nous allons

exposer dans le même ordre les droits et garanties de chacun d'eux.

CHAPITRE III.

SECTION PREMIÈRE.

Droits du bailleur.

Nous allons examiner successivement : 1° la résiliation du bail et l'expulsion du preneur; 2° le privilége de l'art. 2102 ; 3° la contrainte par corps dans le cas non abrogé de l'art. 2062.

Quand le fermier manque à l'un de ses engagements, l'art. 1741 autorise le bailleur à demander la résiliation du bail : c'est l'effet de la condition résolutoire sous-entendue dans tous les contrats synallagmatiques (art. 1184).

Au premier rang des obligations du fermier, dont l'inexécution donne ouverture à ce droit de résolution, figure le paiement du prix. Après quel temps de non paiement l'expulsion du preneur pourra-t-elle être requise ?

Dans notre ancienne jurisprudence, on avait fixé à deux termes, sans compter le courant, le délai, passé lequel, le preneur pouvait être expulsé. Ainsi quand un loyer était payable par semestre, le locataire qui négligeait de l'acquitter encourait, au bout d'un an, la peine d'expulsion. Toutefois, quand les termes étaient courts, on accordait répit pendant trois échéances ; si, par exemple, le prix devait se payer par trimestre, il fallait attendre neuf mois avant d'obtenir l'expulsion du locataire en retard (Merlin, Rép. v° Bail, § 7, n° 2).

Le législateur n'a prescrit sur ce point aucune règle ; il s'en rapporte à la prudence du juge qui pourra dès lors accorder un délai au preneur malheureux et de bonne foi, pourvu que cette indulgence ne mette pas en danger la créance du bailleur.

Mais si le contrat contient la clause résolutoire expresse, et que le fermier, mis en demeure de payer par une sommation, ne soit pas en mesure de le faire, le juge ne pourra pas vérifier les causes du retard et lui accorder un délai. L'art. 1656 nous fournit un argument invincible d'analogie.

La loi accorde, en outre, au bailleur un privilége sur les fruits de la récolte de l'année, ainsi que sur le prix de tout ce qui garnit la ferme et de tout ce qui sert à son exploitation. Cette garantie spéciale est consacrée par l'art. 2102 qui demande quelques développements.

Nous savons qu'en droit romain, les meubles du *colonus* n'étaient frappés d'hypothèque, que lorsqu'il y avait eu convention expresse à cet égard. Au contraire, les meubles de l'*inquilinus* étaient affectés de droit et sans stipulation aucune, à la garantie du propriétaire. Les jurisconsultes romains étaient partis de cette idée, que le propriétaire de la ferme avait sur les fruits du fonds une hypothèque qui devait le garantir, tandis que le propriétaire d'une maison ne pouvait avoir d'autre garantie que les meubles apportés dans la maison par son locataire. Les rédacteurs du Code n'ont pas reproduit cette distinction : les meubles d'un fermier sont, aujourd'hui, comme ceux du locataire, soumis au privilége du bailleur.

Le privilége existe non seulement pour le paiement des fermages, mais encore, ainsi que le dit le texte, pour les réparations locatives et pour tout ce qui concerne l'exécution du bail, par exemple, le remboursement des avances que le propriétaire aurait faites au fermier, ou la restitution des animaux qu'il lui aurait donnés à cheptel.

Il porte sur les fruits de la récolte de l'année et sur le prix de tout ce qui garnit la ferme ou sert à son exploitation. Le privilége a sa source, quant aux objets garnissant la ferme ou servant à son exploitation, dans une convention tacite de gage (*pignus tacitum*), et il est bien juste qu'il s'étende aux fruits de la récolte de l'année, puisque c'est la chose du propriétaire qui les a produits, qui les a mis dans le patrimoine du fermier. La loi ne parle que des récoltes de l'année, mais le privilége porte également sur les récoltes des années antérieures, pourvu qu'elles soient engrangées dans les lieux loués, car alors elles sont comprises dans le privilége, sinon comme récoltes, au moins comme meubles garnissant la ferme.

Quand c'est le propriétaire qui poursuit lui-même son fermier, il est soumis aux principes du droit commun et n'a, sur tout autre créancier saisissant, que l'avantage de la procédure plus rapide de la saisie-gagerie (art. 819 et suivants Code de proc.). Il ne peut donc exiger le paiement des loyers non échus ou des autres prestations à venir, car le débiteur ne peut être contraint de payer avant le terme (art. 1186). Mais si la saisie est pratiquée par d'autres créanciers du preneur, la loi craignant que le gage du propriétaire ne se trouve diminué par le concours, lui donne le droit de se faire colloquer par privilége, même pour les obligations non encore échues et relatives à une jouissance éventuelle. C'est là une disposition exorbitante qui ne peut s'expliquer que par l'extrême faveur attachée au privilége du propriétaire. Quant à l'étendue de ce droit extraordinaire du locateur, il faut distinguer si le bail a ou non date certaine. Cette disposition a pour but de protéger les autres créanciers contre une collusion coupable entre le débiteur et le propriétaire.

Quand le bail a reçu date certaine avant la saisie, le privilége peut être exercé non seule-

ment pour les termes échus et le terme courant,
mais encore pour les termes à échoir, en un mot
pour tout le présent, tout le passé et tout l'avenir. Par cela seul que l'acte de bail se place avec
certitude avant le dessaisissement du locataire, il
est présumé sincère dans toutes ses clauses, soit
quant aux créances échues, soit quant aux créances
à échoir. Cependant, cette présomption de sincé-
rité peut être combattue par les autres créanciers, et
elle tombera, malgré l'authenticité de l'acte et
l'existence de la date certaine, s'il est établi que le
bail a été fait frauduleusement, dans la prévision
d'une faillite prochaine ou d'une saisie imminente.

Quand le bail n'a pas acquis date certaine avant
la saisie, il est suspect aux yeux de la loi qui restreint alors l'étendue du privilége. Mais quelle est
la portée de cette restriction? Sur ce point l'art.
2102, 1°, s'exprime ainsi : « Le privilége s'exerce
pour une année à partir de l'année courante. » Il
résulte de là que le privilége n'existe pas pour
toutes les années de l'avenir, mais seulement pour
une année, celle qui suit l'année courante. Mais la
loi ne parle ni du passé, ni du présent ; que faut-il
en conclure : les fermages non payés seront-ils pri-
vilégiés? Trois systèmes ont été présentés sur cette
importante question.

Un premier système (celui de Grenier et de Favard
de Langlade), restreint le privilége à l'année qui

suit immédiatement l'année courante. Ce système
est celui qui s'écarte le moins du texte de l'art. 2102,
et cependant, nous n'hésitons pas à le rejeter. Comment admettre en effet, que le législateur qui permet la collocation pour l'avenir, ait voulu la proscrire pour le présent et le passé ; nous repousserons également le deuxième système qui accorde privilége au propriétaire pour l'année courante et pour celle qui la suit immédiatement. Le troisième système, qui étend la collocation même au passé, nous paraît seul admissible. La pensée du rédacteur est celle-ci : « la situation est la même pour le passé, la différence n'existe que pour l'avenir ; si le bail a date certaine, garantie complète ; dans le cas contraire, garantie pour une année seulement. » S'il ne l'a pas rendue plus clairement, c'est que, préoccupé d'une idée secondaire, il a, un instant, perdu de vue l'idée principale. Du reste, les art. 661, 662 et 819 du Code de procédure, en permettant au propriétaire de faire saisir-gager les meubles garnissant la ferme, pour tous les fermages échus, sans distinguer si le bail a reçu ou non date certaine, viennent confirmer ce système consacré par la Cour de cassation et universellement suivi dans la pratique.

L'art. 661 Code de procéd. civ. accorde, en outre, au propriétaire une faveur particulière. Quand une contribution sera ouverte pour la distribution des sommes saisies sur le fermier, le locateur pourra, sans attendre le réglement définitif, appeler la partie saisie et l'avoué plus ancien en référé, pour faire statuer préliminairement sur son privilége, pour raison des loyers à lui dus.

Comme compensation au privilége exorbitant du propriétaire, la loi accorde aux autres créanciers le droit de relouer la ferme pour le restant du bail; et remarquons-le, ce droit leur appartient, alors même qu'une clause expresse du bail défendrait au preneur de sous-louer ou de céder son bail. Bien plus, l'article ne peut avoir son application que dans ce cas; car, d'après le droit commun, le fermier peut sous-louer, et l'art. 1166 permet aux créanciers d'exercer les droits de leur débiteur. Seulement dans ce cas, le propriétaire pourrait, en renonçant à se faire payer les termes non échus, reprendre la jouissance de la chose.

Si favorable que soit le privilége du propriétaire, il est cependant quelques créances que la loi fait passer avant la sienne. Un fermier peut devoir : 1° le prix du bail; 2° le prix des semences ; 3° les frais de la récolte, c'est-à-dire les salaires dus aux moissonneurs et aux batteurs en grange. L'objet commun de ces trois priviléges est la récolte : si elle est insuffisante pour payer ces trois créanciers, dans quel ordre viendront-ils? La règle à suivre en cette matière est celle-ci : colloquer au premier rang la créance dont la cause a conservé le plus directe-

ment le gage commun. Ainsi nous mettrons en première ligne, le batteur en grange qui a conservé le
gage des moissonneurs, du vendeur des semences et
du propriétaire : *quia causam pignoris salvam fecit,*
disait la loi romaine; en deuxième ordre, le mois-
sonneur, puis le vendeur des semences. Le propriétaire sera ainsi rejeté au dernier rang; mais il ne
peut pas se plaindre qu'on lui préfère des créanciers qui sont les auteurs directs et immédiats de la
valeur qui doit servir à le payer.

Le propriétaire est encore primé, sur les ustensiles aratoires, par les ouvriers qui les ont vendus ou
réparés. Il peut paraître étonnant qu'il en soit ainsi,
car le bailleur prime les vendeurs d'objets garnissant la ferme, lorsqu'il ignorait que le prix était
encore dû. D'où vient que le charron, par exemple,
passe avant le propriétaire, tandis que le marchand
de bestiaux est primé par lui ? C'est qu'il est d'usage
que le fermier ait un compte courant avec le charron, avec le maréchal ferrant, dont les fournitures
ne se paient en général qu'à l'année; tandis qu'il
paie toujours comptant les bestiaux qu'il achète.
Le bailleur a su, par conséquent, ou dû savoir que
le prix des ustensiles était encore dû; dès lors, ce
n'est pas tromper son attente, que de faire passer
avant la sienne une créance dont il a prévu l'existence.

Avant la créance du locateur, passent aussi
en général les frais de poursuites qui, étant faits

dans l'intérêt commun de la masse des créanciers, doivent être toujours colloqués en première ligne. Toutefois l'art. 662 Code de proc. civile, déclare que les frais de contribution ne seront prélevés qu'après les loyers dus au propriétaire. Il ne faudrait pas voir dans cet article une contradiction, car le propriétaire étant mis en dehors de la contribution par l'art. 661, doit être préféré à la créance des frais d'une procédure qui ne lui est d'aucune utilité.

Pour garantir au bailleur son privilége, la loi lui accorde, en outre, le droit de revendiquer dans les mains des tiers les objets déplacés de la ferme sans son consentement. Ce droit que la loi appelle à tort *revendication* (car revendiquer, c'est réclamer une chose comme sienne, ce qui n'a pas lieu dans l'espèce), peut même s'exercer contre les tiers de bonne foi, et contient, dès-lors, une dérogation au grand principe de l'art. 2279 : « en fait de meubles, possession vaut titre. » On l'explique en disant, qu'il y a là une espèce de vol de gage ; nous disons espèce de vol, car s'il y avait véritablement vol, les propriétaires auraient trois ans pour revendiquer.

Remarquons, toutefois, que si les meubles déplacés avaient été vendus en foire ou dans un marché à un tiers de bonne foi, le bailleur ne pourrait exercer la revendication qu'en remboursant à l'acheteur le montant de son prix d'acquisition.

De plus, même hors ce cas de vente en foire ou marché, la revendication du propriétaire contre les acheteurs de bonne foi ne doit être admise qu'avec un certain tempérament. Quand, par exemple, un propriétaire voudra faire saisir les récoltes vendues à son insu par le fermier, nous n'accueillerons pas toujours son action. La destination des récoltes étant d'être vendues, nous distinguerons : si le fermier a vendu ses récoltes en se conformant à l'usage de la localité, le propriétaire devra échouer dans son action ; mais s'il y avait dans la vente quelque chose d'insolite, si, par exemple, le fermier avait vendu ses blés en gerbes, il y aurait mauvaise foi de sa part, et le propriétaire aurait le droit d'exercer la revendication.

La durée de cette action est de quarante jours, pour les baux à ferme, de quinze jours seulement pour les baux des maisons : c'est que la surveillance du propriétaire est plus facile à tromper dans le premier cas que dans le second.

Enfin, non content de donner au bailleur un privilége et un droit de revendication, le Code Napoléon lui permet encore d'exercer dans certains cas la contrainte par corps contre le fermier ; mais il faut reconnaître qu'en lui accordant ce droit exorbitant, les rédacteurs ont moins considéré son intérêt que celui de l'agriculture. C'est ainsi qu'ils lui ont permis d'exercer, avec l'autorisation toujours facultative des juges, la contrainte par corps contre le fermier, pour le forcer à représenter, à la fin du bail, le cheptel, les semences et les instruments aratoires qui lui ont été confiés, parce qu'en l'absence de ces objets le fonds pourrait rester sans culture (art. 2062).

Mais ils lui ont refusé ce même droit pour contraindre le fermier à payer ses fermages, à moins que, par une convention formelle, il ne s'y fût soumis pour toutes les obligations résultant de son contrat. Cette soumission facultative à la contrainte par corps, étant devenue de style dans tous les baux, contrairement à l'intention évidente des rédacteurs du Code, le décret du 13 décembre 1848 a refusé au fermier, dans son intérêt, le droit de se soumettre à la contrainte par corps pour garantir l'exécution de ses obligations.

Passons maintenant aux droits du fermier.

SECTION II.

Des droits du fermier.

Demander la résiliation du bail, quand le preneur n'exécute pas ses engagements ; sous-louer et céder son bail ; obtenir une remise proportionnelle du prix, quand la récolte vient à manquer ; conserver sa ferme, lors même qu'elle a été aliénée et que l'acquéreur voudrait l'en expulser ; demander, enfin, lorsqu'expire le bail ; des indemnités pour les améliorations dont il a pu enrichir la ferme : tels sont les principaux droits qui appartiennent au fermier et que nous allons développer dans cette section.

Nous avons vu que le bailleur peut demander la résolution du contrat, quand le preneur n'éxécute pas ses engagements ; le même droit appartient au fermier contre le propriétaire qui ne lui procure pas la jouissance paisible de la chose, ou qui manque à quelque autre de ses obligations : la loi d'égalité et la nature synallagmatique du contrat commandent cette réciprocité.

Le droit de jouissance que confère le bail n'est pas exclusivement attaché à la personne du fermier ; il est transmissible à ses héritiers, saisissable par ses créanciers ; enfin le preneur a droit, nous dit l'art. 1717, de sous-louer et même de céder son bail à un autre, si cette faculté ne lui a pas été expressément interdite.

La cession et la sous-location sont deux clauses distinctes qui produisent des effets différents. Par la cession, le cessionnaire est mis absolument au lieu et place du cédant ; les droits et obligations du contrat primitif passent sur sa tête activement et passivement, en sorte qu'il ne fait que continuer aux mêmes conditions la jouissance du preneur. La cession est une véritable vente du droit au bail ; d'où la conséquence que le cédant ne jouit pas du privilége de l'art. 2102 sur les objets garnissant la ferme. La sous-location, au contraire, est un nouveau bail consenti par le preneur qui devient ainsi bailleur, et à l'égard du sous-locataire, contracte les obligations et acquiert les droits d'un bailleur ordinaire. Le privilége du locateur appartient donc au preneur qui sous-loue.

La prohibition générale de sous-louer empêche le preneur de pouvoir sous-louer, même partiellement, sans le consentement du propriétaire ; au contraire, la défense de sous-louer en totalité ou pour le tout, n'entraînerait pas l'interdiction de sous-louer par partie. Le législateur, en disant que le preneur peut sous-louer *et même* céder son bail, montre bien qu'à ses yeux la cession a quelque chose de plus grave que la sous-location ; nous en conclurons que la défense de sous-louer entraîne celle de céder le bail. En sens inverse, l'interdiction pure et simple de céder le bail, n'emporterait pas, dans tous les cas, la prohibition de sous-louer ; c'est, selon nous, une question d'interprétation de la volonté des parties, un point de fait que le juge devra décider suivant les circonstances. L'interdiction faite à un fermier de sous-louer, ne l'empêcherait pas non plus d'avoir un régisseur, un intendant. Toutefois, ici encore les juges auraient à voir si le prétendu intendant ne déguise pas un véritable sous-locataire.

Par la cession ou la sous-location, le preneur primitif n'est pas déchargé de ses obligations envers le bailleur ; et, en outre, le sous-locataire est tenu directement envers le propriétaire, jusqu'à concurrence du prix de la sous-location (art. 1753). Au lieu d'un seul obligé, le propriétaire en a deux ; sa position est améliorée, puisqu'il peut, si son locataire ne le paie pas, agir contre le tiers débiteur de son débiteur. Pour qu'il en fût autrement et que le locataire définitif fût déchargé, le nouveau répondant seul des loyers, il faudrait que le propriétaire y eût consenti, soit expressément, soit tacitement.

Cette clause, ajoute l'art. 1717, est toujours de rigueur. Les rédacteurs ont voulu dire, contrairement à la doctrine de Pothier (n° 283), que cette clause n'admet pas de tempérament. Pothier dit (n° 283) que si des événements forçaient le preneur à quitter les lieux, il pourrait présenter un locataire *æque idoneum* (également solvable) et forcer le propriétaire à le prendre ou à résilier le bail. C'est cette restriction que le Code a voulu proscrire.

Si le fermier a ainsi, en principe, la faculté de sous-louer et de céder son bail, il n'en est pas de même, ainsi que nous l'apprend l'art. 1763, de celui qui cultive sous la condition d'un partage de fruits avec le bailleur et que l'on appelle métayer ou colon partiaire. Cette différence s'explique par la nature du bail à métairie.

Ce contrat tient, en effet, du louage et de la société : du louage, puisque le colon vient seul occuper les lieux et les exploiter, en abandonnant au bailleur, pour prix de la location, la moitié des produits ; de la société, puisque le bailleur met en commun la jouissance de ses terres, en fournissant même ordinairement les semences par moitié pour recueillir la moitié des fruits, pendant que le métayer apporte son travail et son industrie.

Dans le bail à métairie, la personne du métayer est prise en considération comme le serait, dans une société, la personne d'un associé qui n'apporterait que son industrie, et c'est pour cela que la loi refuse au métayer, à moins de convention contraire, la faculté de céder ou sous-louer.

Nous examinerons plus loin la question de savoir si le bail à métairie est rompu par la mort du colon.

Lorsque des événements de force majeure viennent enlever au fermier une portion notable des fruits de l'année, la loi l'autorise à demander une remise proportionnelle du prix des fermages. Telle est la règle développée dans les art. 1769 et 1770. Elle découle du principe plus général posé dans l'art. 1722, et d'après lequel tout preneur qui, par cas fortuit, est empêché de jouir de tout ou partie de la chose louée, a une action en indemnité contre le locateur.

Et en effet, les fruits tant qu'ils ne sont pas perçus, forment une portion même de la chose louée ; dès-lors, ils doivent suivre la condition de cette chose et par conséquent, rester comme elle aux risques du bailleur.

Sans doute, si la perte est peu importante, le fermier n'aura pas droit à une diminution de prix ; l'équité exige qu'il en soit ainsi, puisqu'il conserve, sans augmentation de loyer, tous les gains qu'il peut faire, si considérables qu'ils soient. D'ailleurs, le contrat de louage est un contrat aléatoire ; le bailleur ne peut pas garantir au fermier que la récolte sera l'équivalent exact du prix des fermages.

Pour qu'il y ait lieu à réclamation de la part du fermier, qu'elle doit donc être l'étendue précise de la perte ? Les art. 1769 et 1770 répondent à cette question : il faut qu'elle soit, au moins, de moitié des fruits que le fonds produit, année commune.

Le calcul de l'indemnité varie suivant que le bail est fait pour une seule année, ou pour plusieurs. Examinons d'abord le cas le plus simple, celui où le bail est d'une seule année ; il est réglé par l'art. 1770, ainsi conçu : « Si le bail n'est que d'une année et que la perte soit de la totalité des fruits, ou au moins de la moitié, le preneur sera déchargé d'une partie proportionnelle du prix de la location. »

C'est, on le voit, à la quantité des fruits, et non à leur valeur, que la loi s'attache ici, pour déterminer, si le preneur a droit ou non à une diminution de prix. La vileté du prix des denrées ne doit pas servir de base au calcul, ni même être prise en considération ; car la valeur des denrées est quelque chose de trop variable pour fournir un élément certain d'appréciation.

En conséquence, le fermier qui aurait recueilli la moitié, au moins, d'une récolte ordinaire, serait mal reçu à prétendre que, par suite du bas prix des denrées, il éprouve un préjudice considérable. Réciproquement, le propriétaire ne pourrait pas repousser l'action du fermier à qui des événements de force majeure auraient enlevé plus de moitié de la récolte, sous prétexte que le désastre ayant été général, le preneur se trouve indemnisé, et au-delà, par la valeur vénale des denrées.

Lorsque des fonds de diverses espèces, comme des prés, des vignes, des terres labourables sont loués par un seul et même acte, il faut distinguer si un seul prix a été fixé pour tous ces biens, ou si chacun d'eux a été affermé pour un prix distinct et séparé. Dans la première hypothèse, un seul bail existe ; dès-lors, il faut opérer sur la masse des produits, sans considérer la perte do chacune des récoltes diverses. Dans la seconde, il existe autant de baux distincts qu'il y a de prix distincts et séparés ; il faut donc procéder comme si chacun des fonds faisait partie d'un bail différent.

Passons maintenant au cas plus compliqué où le bail est fait pour plusieurs années ; comment calculerons-nous l'indemnité due au fermier ? Les rédacteurs considèrent le bail de plusieurs années, non pas comme formant autant de baux distincts qu'il y a d'années, mais comme un tout qu'il faut prendre dans son ensemble et qu'on ne saurait scinder sans le dénaturer. Il faudra donc, pour que le fermier ait droit à une diminution de prix, que la perte dont il se plaint ne soit pas compensée par l'abondance des récoltes précédentes ou des récoltes suivantes. Tel est le principe développé dans l'article 1769 : « Si le bail est fait pour plusieurs années, et que pendant la durée du bail, la totalité ou la moitié d'une récolte au moins soit enlevée par des cas fortuits, le fermier peut demander une remise du prix de sa location, à moins qu'il ne soit indemnisé par les récoltes précédentes. S'il n'est pas indemnisé, l'estimation de la remise ne peut avoir lieu qu'à la fin du bail, auquel temps il se fait une compensation de toutes les années de jouissance. »

Pour savoir si le fermier est indemnisé par les profits des années qui précèdent ou qui suivent

l'année stérile, faut-il considérer uniquement l'excédant des récoltes abondantes, sans s'occuper des
déficits de moins de moitié des années mauvaises ?
Nous ne le pensons pas, car l'art 1779 veut qu'il
se fasse une compensation de toutes les années de
jouissance. Or, cela n'aurait pas lieu si l'on retran-
chait les mauvaises années, sur le motif que le fermier ne pouvait élever aucune réclamation à leur
égard, parce que ces récoltes n'ont pas été infé-
rieures à la moitié des récoltes ordinaires ; on fait
valoir contre lui les bonnes années, il est bien
juste qu'il puisse opposer celles qui ont été mauvaises.

Ce principe que le bail de plusieurs années doit
être considéré comme un seul tout, n'est vrai qu'avec
une restriction. Si au moment où arrive le désastre,
l'abondance des récoltes précédentes suffit pour les
compenser, tout est dit, et le fermier ne pourra pas,
les années suivantes, alléguer la perte qu'il éprouve
et qui ne dépasse pas la moitié d'une récolte ordinaire. Au contraire, les années précédentes ne
suffisent-elles pas pour indemniser le fermier, c'est
alors qu'on entre pour ainsi dire en compte avec
les années suivantes du bail courant. Mais comme
la question du droit à l'indemnité dépend alors des
récoltes postérieures, le fermier doit continuer à
payer la totalité de ses fermages. Toutefois, ajoute
l'art. 1759, le juge peut provisoirement dispenser

le preneur de payer une partie du prix en raison de la perte soufferte.

Nous avons toujours supposé jusqu'ici que les fruits ont péri avant d'avoir été perçus ; quand, au contraire ils périssent après leur séparation du sol, la perte est pour le fermier; dès cet instant en effet ils deviennent sa propriété et sont par conséquent à ses risques. La même règle n'est pas applicable au bail à métairie, cette sorte de société-louage dont nous avons parlé plus haut ; le propriétaire doit supporter sa part de la perte, pourvu que le preneur ne fût pas en demeure de lui délivrer sa portion de récolte. Gains et pertes, tout est commun entre le propriétaire et le colon.

« Le fermier ne peut également demander une remise, lorsque la cause du dommage était existante et connue, à l'époque où le bail a été passé » (art. 1774 in fine.) Dans ce cas, il est censé avoir voulu prendre les risques à sa charge et la loi présume que le prix a été fixé, en conséquence.

Toutes les dispositions que nous venons d'examiner n'ont pas, dans la pratique, une application fréquente. Presque toujours, une clause du bail met les cas fortuits à la charge du fermier ; mais la loi exige que les parties aient manifesté leur volonté à cet égard par une stipulation expresse. Et encore « cette stipulation ne s'entend que des cas fortuits ordinaires, tels que grêle, feu du ciel, gelée ou coulure. Elle ne s'entend pas des cas fortuits extraordinaires tels que les ravages de la guerre ou une inondation, auxquels le pays n'est pas ordinairement sujet, à moins que le preneur n'ait été chargé de tous les cas fortuits prévus et imprévus (art. 1773).

Nous allons nous occuper maintenant d'un droit que l'ancienne jurisprudence ne reconnaissait pas au profit du fermier, et qui, de nos jours, a donné naissance à un singulière théorie d'un savant jurisconsulte.

« Si le bailleur, dit l'art. 1743, vend la chose louée, l'acquéreur ne peut expulser le fermier ou le locataire qui a un bail authentique ou dont la date est certaine, à moins qu'il ne se soit réservé ce droit par le contrat de bail. »

C'est en s'appuyant sur cet article, que M. Troplong a soutenu que le droit du preneur, de personnel et mobilier qu'il était dans l'ancienne jurisprudence, avait été transformé, par les rédacteurs du Code, en un véritable droit réel.

L'argumentation de M. Troplong peut se résumer en ces termes :

Le fermier ou le locataire ne peut être autorisé à se maintenir, à l'encontre du nouvel acquéreur, dans la chose louée que par l'une ou l'autre des causes suivantes : ou bien parce que ce nouvel acquéreur serait obligé personnellement envers lui à l'exécution du bail ; ou bien parce que son droit sur la chose louée serait effectivement réel, c'est-à-dire absolu et opposable même à tous les tiers détenteurs.

Or, l'acquéreur n'est pas personnellement obligé envers le preneur à l'exécution du bail, car 1° ce n'est pas lui qui a consenti ce bail ; 2° simple ayant cause à titre singulier, il n'a pas succédé à l'obligation personnelle de son auteur qui l'a consenti ; 3° enfin, il n'a pas été chargé, par une clause du contrat de vente, de cette obligation envers le preneur.

Donc, il n'y a de la part de l'acquéreur aucune obligation envers le locataire ou le fermier ; donc le droit du fermier n'est pas seulement relatif à la personne qui a consenti le bail envers lui ; donc il est absolu ; or, s'il est absolu, il est réel ; il n'y a pas de milieu (du Louage, t. 1, n° 9).

Erfin, M. Troplong conclut que le droit du preneur étant un *jus in re* est par conséquent aussi un droit immobilier ; toutefois ce droit réel immobilier n'est pourtant pas, d'après lui, un démembrement de la propriété et il n'est pas susceptible d'hypothèque

Cette théorie nouvelle de l'éminent magistrat n'a rencontré, dans le sein des tribunaux et parmi les auteurs, que très-peu de partisans, et nous croyons fermement, pour notre part, que l'art. 1743 n'a pas eu pour but d'introduire une innovation aussi grave.

Essayons donc de démontrer la personnalité du droit du preneur.

Le droit personnel est celui qui ne met pas la personne en rapport direct et immédiat avec la chose, mais qui établit seulement une relation entre la personne à qui le droit appartient (le créancier) et une autre personne (le débiteur) qui est obligée envers la première à donner, à faire, ou à livrer quelque chose.

Rencontrons-nous dans le contrat de louage ces éléments constitutifs du droit personnel?

Evidemment oui : il suffit, pour s'en convaincre, de lire l'art. 1709, qui le définit en ces termes : « Un contrat par lequel l'une des parties s'oblige à faire jouir l'autre d'une chose pendant un certain temps et moyennant un certain prix que celle-ci s'oblige de lui payer. »

Nous avons ici le preneur auquel le droit appartient; le bailleur qui est obligé envers le preneur; et la chose à laquelle s'applique le droit de l'un par l'entremise de l'obligation corrélative de l'autre.

Dès lors, comment soutenir que le droit du preneur n'est pas personnel?

Pour rendre notre démonstration plus évidente encore, plaçons en regard le locataire et l'usufruitier qui a, lui, un véritable droit réel, un *jus in re*.

1° Le preneur peut exiger du bailleur qu'il lui délivre la chose en bon état; qu'il l'entretienne.

pendant la durée du bail; qu'il l'en fasse jouir paisiblement (art. 1719). — Au contraire, l'usufruitier est
tenu de prendre la chose dans l'état où elle se
trouve (art. 600); son entretien est à sa charge
(art. 605); le nu-propriétaire est seulement tenu
de le laisser jouir (art. 599).

2° Le preneur peut demander une remise du prix
de sa location, en cas de perte des fruits par cas
fortuit (art. 1769, 1770); il est déchargé de toute
obligation, quand un événement de force majeure
détruit la chose louée (art. 1722).

Au contraire, l'usufruitier ne peut demander une
indemnité pour la perte des récoltes; son obligation
de payer le prix survit à la destruction totale de la
chose.

En un mot, l'usufruitier a *le droit de jouir de la
chose* (a. 578); le nu-propriétaire est simplement
tenu de l'en *laisser jouir* (a. 599).

Tandisque le preneur a simplement le droit de
contraindre le bailleur à exécuter l'obligation qu'il
a contractée de *le faire jouir* de la chose louée (a.
1709.)

Quelle différence entre les deux positions !

Mais, objecte M. Troplong, « si le bailleur est
« tenu de faire jouir le preneur, c'est probablement
« que ce dernier a aussi un droit de jouir. »

Qui ne voit le vice de ce raisonnement. C'est, au
contraire, parce que le bailleur est tenu de le faire

jouir de la chose que le preneur a droit d'en jouir.

Soutenir le contraire, c'est mettre l'effet avant la cause !

Et maintenant, l'art. 1743 contient-il donc, à lui seul, l'abrogation de tous les autres articles du titre du louage, renverse-t-il tous les principes que nous venons de poser ?

Evidemment non ! L'art. 1743 décide simplement que l'acquéreur succédera à l'obligation personnelle contractée par son auteur envers le fermier ou locataire ; il le met à son lieu et place, il le subroge à son obligation, et rien de plus ! Et l'histoire même du louage explique très-bien ainsi l'art. 1743.

D'après la célèbre loi *Emptorem*, l'acquéreur ne pouvait expulser le preneur, qu'autant qu'une clause de la vente ne lui avait pas imposé l'obligation d'entretenir le bail.... *nisi ea lege emit;* et Gaius conseillait au vendeur d'y insérer toujours cette clause, afin de se garantir contre le recours du preneur évincé, *alioquin prohibitus is aget cum eo ex conducto.* Aussi était-elle devenue très-fréquente en droit romain et dans notre ancien droit français. Et même, d'après la jurisprudence des chambres du trésor, qui suivaient le principe de la l. 50 Dig. *de Jure fisci,* la clause d'entretenir le bail était toujours sous-entendue dans les ventes

faites par le fisc , *ne fiscus colono teneretur*
(Pothier. Louage, n° 294.)

Dans l'intérêt des parties et surtout dans l'intérêt
de l'agriculture et de l'industrie, le Code Napoléon
généralisant la clause d'entretenir sous-entendue
dans la loi 50, déclare que l'obligation personnelle
d'entretenir le bail, sera imposée de plein droit à
l'acquéreur, toutes les fois que le bailleur ne se
sera pas réservé la faculté contraire dans le contrat
de bail.

M. Troplong dira-t-il maintenant que l'acquéreur
n'est pas obligé personnellement envers le preneur.

Il ne l'est pas en vertu d'un contrat, nous l'ac-
cordons; mais ne peut-on pas dire, au moins, qu'il
l'est en vertu d'un quasi-contrat, ou mieux encore,
en vertu de la loi ? Les contrats sont-ils donc la
seule source des obligations (art. 1370) !

Pour nous donc, la portée de l'art. 1743 est
celle-ci : l'acquéreur est subrogé dans l'obligation
de son auteur par la volonté de la loi.

Cette idée de subrogation répugne à M. Troplong.
Mais comment expliquera-t-il, alors, que le bail
consenti par l'usufruitier subsiste activement et
passivement entre le preneur et le nu-propriétaire
(art. 595) ; que le bail consenti par un acquéreur
sous faculté de rachat, subsiste également entre le
preneur et le vendeur qui a exercé le réméré
(art. 1673) ?

Assurément, ce n'est pas par le seul fait de la réalité du droit du preneur ; car les droits réels consentis en pareil cas seraient certainement résolus (art. 1184, 1673, 2125).

Et en effet, ce n'est que par la subrogation du nu-propriétaire ou du vendeur à l'obligation personnelle de l'usufruitier ou de l'acheteur à réméré qu'on peut raisonnablement expliquer ces dispositions.

Nous croyons avoir suffisamment démontré les vices du système de la réalité du droit du preneur ; nous ne pensons pas que M. Troplong songe à tirer un argument de la loi du 23 mars 1855, qui soumet à la transcription les baux de plus de 18 ans ; l'argument pourrait être retourné contre lui.

D'ailleurs, les paroles suivantes que nous extrayons du rapport de M. Adolphe de Belleyme au corps législatif, ne peuvent pas laisser le moindre doute sur la portée de cette innovation :

« Nous ne nous sommes pas dissimulés, dit M. le rapporteur, que la publicité donnée aux baux et aux quittances de loyer était une invasion faite dans le domaine *des droits personnels* » ; et le rapprochement du 1° et du 4° de l'art. 1er de cette loi fournirait un nouvel argument, s'ils en avaient besoin, aux partisans de la personnalité du droit.

Terminons par quelques observations l'explication de l'art. 1743.

Alors même que son bail a date certaine, le fermier ne peut contraindre l'acquéreur à l'exécuter, — s'il n'est pas déjà lui-même en possession. Cette décision se tire du mot *expulsé*, dont se sert la loi, et plus encore de son esprit. En effet, les motifs d'utilité générale qui ont inspiré aux rédacteurs la disposition nouvelle de l'art. 1743, ne se rencontrent plus avec la même force, quand le fermier n'est pas encore en possession. Et en outre, le droit de l'acquéreur est, dans cette circonstance beaucoup plus favorable, puisque ne voyant aucun fermier sur le fonds, il a pu croire qu'il n'existait pas de bail et, dans cette pensée, acheter la ferme pour l'exploiter par lui-même.

S'il a été convenu lors du bail, qu'en cas de vente l'acquéreur pourrait expulser le fermier, et qu'il n'ait été fait aucune stipulation sur les dommages-intérêts, le bailleur est tenu de payer au fermier cette indemnité, fixée par la loi elle-même au tiers du prix du bail, pour tout le temps qui reste à courir (art. 1746).

En outre, quand l'acquéreur veut user de la faculté réservée dans le bail, il doit prévenir le fermier au moins un an à l'avance (art. 1748). Remarquons enfin que le preneur ne peut être tenu de quitter les lieux tant qu'il n'a pas été payé par le bailleur, ou à son défaut par l'acquéreur, des dommages-intérêts qui lui sont dus : la loi consacre ainsi à son profit, un véritable droit de rétention.

Voilà pour le cas où le bail a reçu date certaine avant l'aliénation. Quand le bail est verbal ou sous seings privés non enregistré, la position du fermier est beaucoup moins belle.

Sans doute le bail étant valable *inter partes*, le fermier peut demander au bailleur des dommages-intérêts ; mais là se borne son droit : l'acquéreur peut l'expulser sans avoir à craindre le droit de rétention. Mais nous croyons qu'il doit, au moins, le prévenir un an d'avance. Nous plaçons cette décision sous l'autorité des paroles suivantes de Pothier : «... c'est en conséquence de cette loi d'équité et de charité qu'un nouveau propriétaire ne doit pas déloger en sur-terme un fermier ou locataire. » (N° 297, *Louage*.) Le Code, qui a tant amélioré la condition des locataires, ne peut pas avoir voulu permettre contre eux une rigueur que repoussait l'ancienne jurisprudence elle-même, et quand il a soin de dire que l'absence de date certaine fait cesser l'une des deux obligations de l'acquéreur (l'obligation de payer des dommages-intérêts), c'est bien évidemment pour indiquer qu'il laissera subsister l'autre (l'obligation d'avertir le preneur une année d'avance).

L'acquéreur à pacte de rachat ne peut user de la faculté d'expulser le preneur, jusqu'à ce que, par l'expiration du délai fixé pour le réméré, il devienne propriétaire incommutable; Cette règle que le Code consacre dans l'art. 1751, était généralement suivie dans l'ancienne jusisprudence, malgré l'opinion contraire de Pothier (n° 295). Elle s'applique évidemment aux baux qui n'ont pas date certaine aussi bien qu'aux autres ; c'est même pour les premiers seulement qu'elle a dû être écrite, puisque, d'après l'art. 1743, les acquéreurs d'immeubles, loués à date certaine, ne peuvent plus expulser le fermier, alors même qu'ils sont propriétaires incommutables.

Enfin, le preneur a droit, à la fin du bail, de réclamer du propriétaire une indemnité pour les dépenses qu'il aurait faites sur l'immeuble loué.

Toutefois, des distinctions sont nécessaires. Ces dépenses avaient-elles un caractère de nécessité, abandonné à l'appréciation souveraine des tribunaux ? nul doute que le propriétaire ne doive rembourser au fermier l'intégralité de ses dépenses. Celui-ci a été un véritable *negotiorum gestor* ; le bailleur, s'il ne l'indemnisait, s'enrichirait à ses dépens.

Au contraire, ces dépenses étaient-elles utiles ou voluptuaires, c'est-à-dire de pur agrément ? le fermier ne peut se les faire rembourser par le bailleur, si celui-ci n'a pas consenti à les faire. Mais, dans tous les cas, le preneur a droit d'enlever ce qui, dans les améliorations, peut être enlevé *sine detrimento rei*, à la condition de rendre les lieux dans leur état primitif. On n'applique pas ici la règle qui refuse à l'usufruitier une indemnité pour les améliorations qu'il prétendrait avoir faites sur le fonds (art. 599) : *odia sunt restringenda.*

CHAPITRE VI.
Des modes d'extinction du bail à ferme et de la tacite reconduction.

Le bail s'éteint 1° par l'expiration du temps pour lequel il a été contracté. Voici comment s'expriment, à cet égard, les art. 1736 et 1737 : « Si le bail a été fait sur écrit, l'une des parties ne pourra donner congé à l'autre qu'en observant les délais fixés par l'usage des lieux (art. 1736) ;

« Le bail cesse de plein droit à l'expiration du terme fixé, lorsqu'il a été fait par écrit, sans qu'il soit nécessaire de donner congé. »

Ces deux articles sont mal rédigés. D'abord il semblerait résulter de leur texte que c'est, selon qu'un écrit aurait été ou non dressé qu'apparaîtrait ou non la nécessité d'un congé pour mettre fin au bail ; mais il y a là, tous les auteurs le reconnaissent, un vice de rédaction. Sans doute, le plus souvent le bail verbal sera fait sans durée préfixe, tandis, qu'au contraire, le bail écrit énoncera l'époque où le contrat prendra fin et c'est pour avoir voulu statuer *de eo quod plerumque fit*, que les rédacteurs de l'article ont commis une erreur; mais le contraire peut arriver. Les art. 1736 et 1737 doivent donc être ainsi rectifiés : le congé sera nécessaire suivant que le bail (écrit ou verbal, peu importe) ne sera pas fait, ou, au contraire, sera fait pour un temps limité.

L'art. 1736, spécialement, contient une autre inexactitude. S'appliquant d'après la rubrique de la section aux *baux des biens ruraux*, comme à ceux des maisons, il admet *pour les uns* comme pour les autres, la nécessité du congé, quand le bail est fait sans écrit (lisez : quand le bail ne contient pas l'expression de sa durée). Or, les art. 1774 et 1775 déclarent, au contraire, que quand un bail de biens ruraux est fait sans expression de sa durée, il est censé fait pour le temps qui est nécessaire, afin que le preneur recueille tous les fruits de l'héritage affermé ; en sorte, qu'il finit de plein droit à l'époque ainsi indiquée, sans qu'il soit besoin de congé. Ainsi le bail d'un pré, d'une vigne sera d'une année; au contraire, le bail de terres labourables, dans un pays d'assolement triennal, sera de trois ans : autant d'années que de soles.

A l'expiration du bail, qu'il ait été fait ou non, pour un temps limité, le fermier, s'il ne veut pas continuer sa jouissance, n'a qu'à se retirer purement et simplement de la ferme. Si c'est le bailleur qui ne veut pas continuer le bail, il lui suffit de manifester sa volonté au fermier avant que celui-ci ait fait aucun acte nouveau de culture.

Que si le fermier reste et est laissé en possession, il s'opère un nouveau bail et la ferme se trouve louée de nouveau pour le temps nécessaire à la récolte de tous ses produits. La tacite reconduction ayant pour effet de créer un nouveau contrat, ne pourrait évidemment s'opérer, si dans l'intervalle qui sépare le premier bail du deuxième, l'une des parties était devenue incapable.

La tacite reconduction n'est pas la continuation de l'ancien bail, c'est un nouveau bail qui commence, ainsi que le prouve l'art. 1738. Par conséquent, les garanties particulières stipulées pour le premier ne s'étendront pas toutes de plein droit au deuxième. Ainsi, la caution donnée pour l'ancien bail ne garantira pas le nouveau, à moins d'un consentement formel de sa part ; l'hypothèque que le fermier avait pu consentir ne se trouvera pas renouvelée, car l'hypothèque conventionnelle ne peut s'établir tacitement ; il faut une convention expresse et exprimée dans les formes voulues par la loi. Au contraire, le privilége du locateur établi par la loi elle-même, s'étendrait aux obligations résultant de la tacite reconduction.

Le bail finit : 2° par l'événement de la condition résolutoire que les parties y ont insérée, mais il ne finit que pour l'avenir ; l'accomplissement de la condition n'a pas pour effet, comme dans les cas ordinaires, de remettre les choses dans le même état que s'il n'y avait pas eu de contrat ; elle opère seulement la résiliation *in futurum*. Le bail finit 3° par la perte de la chose louée ; 4° par le défaut du bailleur ou du preneur de remplir leurs engagements respectifs. Les détails que nous avons donnés, plus haut, sur ces deux modes d'extinction, nous dispensent d'entrer dans de plus amples explications.

Le bail cesse encore : 5° par la consolidation, c'est-à-dire par la réunion sur la même tête des deux qualités incompatibles de propriétaire et de fermier.

Il s'éteint enfin : 6° par le consentement mutuel des parties ; mais remarquons que dans ce cas, le droit des tiers, par exemple, celui d'un sous-locataire avec bail à date certaine, devrait être respecté.

Le bail à ferme n'est pas rompu par la mort de l'une des parties, sauf convention contraire. En est-il de même du bail à métairie ? Nous le croyons, pour notre part, car l'art. 1742 ne fait aucune distinction. M. Troplong qui enseigne l'opinion contraire prétend faire découler cette conséquence de la disposition de l'art. 1763 qui défend au métayer de sous-louer ou céder son bail. C'est suivant nous donner à l'art. 1763 une portée qu'il ne peut avoir.

Pour être logique, M. Troplong devrait admettre que la clause par laquelle un bailleur fait à son locataire défense de sous-louer, entraînerait comme conséquence, la résiliation du bail par le décès de ce locataire ; or, nous ne croyons pas que le savant jurisconsulte aille jusque-là. La continuation du bail par un héritier, ordinairement le fils du métayer, cultivant avec son père et connu par conséquent du bailleur, offre d'ailleurs infiniment moins de dangers que la cession capricieuse du bail à un étranger, peut-être inhabile et inconnu du propriétaire. Il n'y a pas d'analogie à établir entre deux situations si différentes !

Nous rappellerons enfin que, d'après les principes nouveaux, l'aliénation consentie par le bailleur ne met pas fin au louage, quand le bail a date certaine.

Ici se termine la matière de notre thèse. Mais nous croyons devoir examiner une question dont la solution affirmative, bien que consacrée par une jurisprudence constante, bien qu'adoptée par un très-grand nombre d'auteurs, nous paraît néanmoins très-contestable : c'est la question de savoir si le Code Napoléon a conservé l'emphytéose temporaire que la législation intermédiaire avait maintenue, ainsi que nous l'avons expliqué en parlant de l'ancien droit.

Les partisans de l'affirmative sont parfaitement d'accord sur ce point que l'emphytéose temporaire devait être maintenue, et qu'elle l'a été en effet, dans l'intérêt général de l'agriculture et de l'industrie. Mais ils se divisent profondément sur la manière de prouver leur commune prétention.

Les uns font le raisonnement suivant : l'emphytéose temporaire était reconnue par la législation immédiatement antérieure au Code, par la loi du 29 décembre 1790 ; et par conséquent, elle aura continué d'exister, si cette loi n'a été abrogée ni expressément ni tacitement.

Or il, n'y a pas eu d'abrogation expresse, car la loi du 30 ventôse an XII sur la promulgation du Code Napoléon, n'abroge les lois antérieures que dans les matières qui font l'objet des lois composant le présent Code (art. 7); et le Code Napoléon ne renferme aucune disposition sur l'emphytéose ;

Donc, ce Code n'a abrogé ni expressément, ni tacitement, en cette matière, la loi du 29 décembre 1790.

Les autres adoptent un ordre d'idées tout différent :

L'emphytéose temporaire, disent-ils, a été maintenue par le Code Napoléon lui-même ; et plusieurs de ses articles peuvent, en effet, s'y appliquer, quoiqu'il ne l'appelle point par son nom.

Mais ici encore les défenseurs de l'emphytéose se divisent dans la manière de présenter cet argument.

Les uns classent l'emphytéose dans *le droit de propriété* que l'on peut avoir sur les biens, aux termes de l'art. 543 ;

Les autres la placent dans *le droit de jouissance* que le même article reconnaît ;

Essayons de réfuter séparément chacune de ces argumentations si diverses.

Et d'abord, à ceux qui prétendent que la loi du 29 décembre 1790 n'est pas abrogée par la loi de ventôse an XII, nous répondrons qu'elle l'est, au contraire, de la manière la plus formelle. On sait, en effet, que lorsque la loi ancienne et la loi nouvelle statuent sur la même matière, et que la loi nouvelle ne reproduit pas une disposition particulière de la loi ancienne, encore bien qu'elle ne prononce pas d'abrogation expresse, cette disposition particulière n'en est pas moins abrogée. Or, le Code Napoléon statue précisément sur cette grande question de savoir quels sont les droits que l'on peut avoir sur les biens ; il renferme à cet égard une loi nouvelle et complète ; donc toutes les lois antérieures sur la même matière sont, en conséquence, abrogées.

Sans doute, on applique encore aujourd'hui la disposition de la loi du 29 décembre 1790, d'après laquelle une rente n'est pas réputée établie à *perpétuité* quand elle n'est pas établie sur plus de trois têtes et pour plus de 90 ans. Mais pourquoi ? C'est

que le Code Napoléon qui ne déclare rachetables que
les rentes établies à perpétuité (art. 530) n'indi-
quant absolument pas ce qui constitue cette perpétuité, il était raisonnable de s'en référer à la loi antérieure qui tranchait la difficulté.

Mais, de ce que la loi du 29 décembre 1790 est
encore aujourd'hui consultée comme règle d'interprétation sur un point de détail que le Code a omis
de préciser, s'en suit-il qu'on doive l'appliquer dans
les parties sur lesquelles, au contraire, le Code renferme un système complet.

Maintenant, est-on mieux fondé à soutenir que le
Code Napoléon a conservé l'emphytéose sans la
nommer ?

Quoi ! les rédacteurs du Code ont maintenu l'emphytéose comme un droit réel spécial, comme un
démembrement particulier du droit de propriété,
et ils n'ont pas employé une seule fois le mot d'emphytéose, depuis le commencement jusqu'à la fin
de leur œuvre !

Ce droit si mal défini dans l'ancienne jurisprudence, que mille difficultés s'étaient élevées sur
son caractère et sur son étendue, qu'il faisait dire
à Dumoulin : *Verbum emphiteusis est æquivocum*,
ce droit qu'il aurait fallu, par conséquent, régler
avec le plus grand soin, les rédacteurs du Code l'auraient conservé sans prononcer son nom, ni dans
l'art. 526 qui indique les biens immeubles par

l'objet auquel ils s'appliquent, ni dans l'art. 543 qui énumère les droits que l'on peut avoir sur les biens; ni dans l'art. 2118 qui décide que les biens sont susceptibles d'hypothèques, ni enfin dans l'art. 2204 qui détermine quels biens peuvent être saisis immobilièrement.

Convenons-en, un pareil silence est bien étrange, bien inexplicable !

Mais ce n'est pas tout. Nous avons vu que les lois de la législation intermédiaire, relatives au régime hypothécaire, les lois du 9 messidor an III, et du 11 brumaire an VII, déclaraient formellement l'emphytéose susceptible d'hypothèque. Les rédacteurs du Code avaient évidemment ces lois sous les yeux quand ils ont formulé l'art. 2118 ; ils les copient, en effet, presque littéralement, sauf un mot qu'ils retranchent. Et ce mot, c'est l'emphytéose.

Nous sommes donc autorisé à dire que le Code Napoléon n'a pas reproduit l'emphytéose. Est-ce par oubli, ou au contraire avec le dessein de la supprimer? Est-ce enfin à tort ou à raison qu'il aurait voulu la supprimer?

Que ce soit par oubli que l'emphytéose ne figure pas dans le Code Napoléon, il est impossible de le prétendre, nous croyons l'avoir suffisamment démontré, et les rédacteurs ont d'ailleurs pris soin de s'en expliquer formellement.

Au moment où le conseil d'Etat s'occupait de

l'art. 2118, M. Tronchet interpellé précisément en ce qui concerne l'emphytéose, répond par cette déclaration : « *que maintenant elle n'avait plus d'objet, qu'il était donc inutile de s'en occuper.* » (Fenet, t. XV, p. 360.)

Le discours de M. Treilhard dans l'exposé des motifs du titre de la distinction des biens ne peut pas non plus laisser le moindre doute à cet égard (Fenet, t. XI, p. 33.)

C'est qu'en effet, l'emphytéose ne présentait déjà plus, à cette époque, et présente encore moins aujourd'hui, toute l'utilité dont elle avait pu être autrefois susceptible. Nul doute que dans l'ancienne monarchie, sous un régime où la substitution et l'inégalité des partages concentraient la propriété dans les mains d'un petit nombre, l'emphytéose n'ait rendu de grands services. Mais sous une législation qui défend les substitutions fidéi-commissaires, qui proclame le principe de l'égalité des partages, les rédacteurs ont dû penser que l'emphytéose avait joué son rôle, et qu'en présence des morcellements inévitables de la propriété, le contrat de bail serait désormais entre les propriétaires et les cultivateurs, un intermédiaire suffisant.

En vain objecterait-on que l'emphytéose est beaucoup plus favorable au preneur que le simple bail, parce qu'elle ne s'éteint pas par sa mort et qu'elle constitue un droit réel immobilier, susceptible d'hypothèque ; nous croyons, au contraire, que le régime des emphytéoses est, en somme, beaucoup plus dur pour les cultivateurs ; car l'emphytéote, à la différence du fermier, supporte la charge des impôts, il est tenu de toutes les réparations, même des grosses, et il n'a pas droit à une remise de la redevance, en cas de perte des récoltes.

Il nous paraît donc évident que le Code Napoléon n'a pas admis l'emphytéose ; et, en conséquence, d'après ce Code, de deux choses l'une :

Ou les parties ont entendu que, par l'effet de leur convention, la propriété de l'immeuble serait transférée du concédant au concessionnaire, à la charge d'une certaine redevance ; et alors cette redevance constitue une créance mobilière, essentiellement rachetable, aux termes de l'art. 530 ;

Ou, au contraire, elles n'ont pas voulu que leur convention opérât translation de propriété ; et alors cette convention ne constitue qu'un bail, d'une durée seulement plus longue que les baux ordinaires ; un droit, en conséquence, purement personnel et mobilier, soumis à toutes les règles du contrat de louage, lors même que les parties l'auraient qualifié d'emphytéose.

Quoi qu'il en soit, des esprits élevés ont pensé que l'emphytéose était appelée à rendre, aujourd'hui encore, de grands services à l'agriculture et à l'industrie. Que ne se sont-ils adressés au pouvoir législatif pour obtenir une loi qui la rétablit. Ils avaient devant les yeux l'exemple de la Belgique, qui, par une loi du 11 janvier 1824, a réglé le droit d'emphytéose ; que ne l'ont-ils suivi ? Cela eut mieux valu, assurément, que de permettre à la jurisprudence d'usurper sur le pouvoir législatif, en rétablissant par des arrêts une institution que les rédacteurs du Code avaient abrogée.

POSITIONS.

DROIT ROMAIN.

I. — Le prix de location ne doit pas nécessairement consister en argent monnayé.

II. — La décision d'Ulpien dans la loi 19 § 1, *locati conducti*, n'est pas contraire à l'opinion de Cassius, qu'il rapporte.

III. — Quand plusieurs actions pénales naissent d'un même délit, chacune d'elles doit produire son plein et entier effet.

IV. — L'interdit Salvien conserve toujours une utilité pour le propriétaire, malgré la création de l'action salvienne.

V. — Dans le louage, la chose est aux risques du bailleur, tandis que, dans la vente, les risques sont à la charge de l'acheteur avant comme après la tradition. Erreur de Cujas sur la foi d'un texte d'Africain.

VI. — Si le fermier peut obtenir une diminution de prix, au cas de perte d'une partie des fruits, en sens inverse, le propriétaire ne peut jamais prétendre à une augmentation du prix de ferme, quelque importante qu'ait été la récolte. Erreur des Bartholistes.

VII. — A la différence du légataire d'un droit d'usufruit ou d'habitation, le fermier peut, arrivant l'expiration du bail, enlever les constructions ou plantations qu'il aurait faites.

VIII. — En cas d'aliénation de l'immeuble loué, la continuation du bail n'est pas plus obligatoire pour le fermier qu'elle ne l'est pour l'acquéreur.

IX. — Le défendeur à la revendication qui ne possédait pas au temps de la *litis contestatio*, mais qui possède au moment du jugement, doit être condamné (L. 27, § 1, Dig. *de rei vendic.*; *nec obstat*, L. 23, Dig. *de judiciis*).

DROIT CIVIL FRANÇAIS.

I. — Le droit du preneur n'est pas un droit réel.

II. — Quand le preneur n'est pas encore entré en jouissance, l'acquéreur n'est pas tenu de respecter son bail.

III. — Le bail consenti |par un possesseur de bonne foi n'est pas opposable au propriétaire.

IV. — En l'absence de toute stipulation, le fermier n'a pas le droit de chasse.

V. — Le bailleur ne doit au preneur des dommages-intérêts pour les vices de la chose louée, qu'autant qu'il connaissait ou devait connaître les vices.

VI. — Le bailleur dont le bail n'a pas date certaine a privilége, non-seulement pour l'année courante et une année de l'avenir, mais encore pour toutes les années échues.

VII. — Le bail à métairie n'est pas résolu par la mort du colon.

VIII. — Les créanciers hypothécaires sont tenus de respecter les baux consentis par leur débiteur postérieurement à la constitution d'hypothèque.

IX. — L'emphytéose n'a pas été maintenue par le code Napoléon.

X. — Le ministère public n'a pas le droit de former opposition aux mariages.

XI. — Le mineur émancipé non commerçant ne peut valablement constituer une hypothèque pour la garantie des obligations que la loi l'autorise à contracter.

DROIT CRIMINEL.

I. — La communication au dehors, de quelques jurés, sur l'affaire qui leur est soumise, constitue une cause de nullité.

II. — La mise en liberté provisoire sous caution, est facultative pour le tribunal auquel elle est demandée.

DROIT DES GENS.

I. — Le traité conclu avec un prince prisonnier ne lie pas la nation dont ce prince est le chef.

II. — Les traités de commerce entre deux nations ne sont pas anéantis mais seulement suspendus par l'état de guerre qui survient entre elles.

PROCÉDURE CIVILE.

I. — Les juges ne peuvent pas accorder de délais au débiteur quand la dette est constatée par un acte authentique en forme exécutoire.

II. — La décision rendue par le juge commissaire dans le cas de l'art. 661 Code de proc. civ. n'est pas un jugement mais une simple ordonnance de référé, ayant un caractère provisoire.

III. — En matière d'ordre ou de contribution, c'est quelquefois au chiffre de la somme à distribuer, mais le plus souvent c'est au chiffre de la créance contestée, qu'il faut s'attacher pour savoir si le jugement est ou n'est pas susceptible d'appel.

HISTOIRE DU DROIT.

I. — La noblesse a son origine dans l'antrustionat.

II. — Le colonat a eu pour origine première non l'assujettissement des vaincus à la culture des terres conquises, mais un aménagement privé élevé plus tard à la hauteur d'institution.

Vu par le président de la thèse,
G. COLMET-D'AAGE.

Vu par le doyen de la faculté,
C. A. PELLAT.

Permis d'imprimer :
Le Vice-Recteur de l'académie,
CAYX.